ARCHITECTURE NAVALE

TRAITÉ COMPLET

DU

TRACÉ DES BATIMENTS DE MER

Par E. BOISNEL

Ancien élève de l'École de maistrance de Brest,
Maître entretenu de la Marine de l'État.

PREMIÈRE PARTIE
DÉTERMINATION DE LA SURFACE EXTÉRIEURE DU NAVIRE.

DEUXIÈME PARTIE
CALCULS DU DÉPLACEMENT ET DE LA STABILITÉ DES BATIMENTS DE MER.

Accompagné de deux grandes planches.

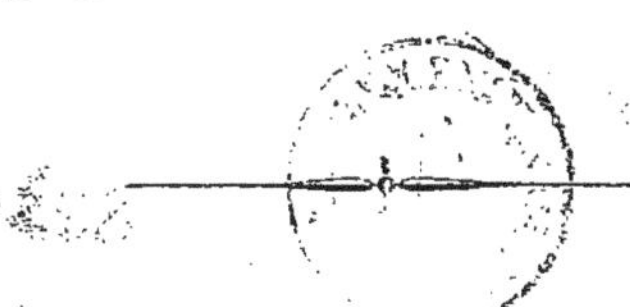

PARIS

ARTHUS BERTRAND, ÉDITEUR,

LIBRAIRIE MARITIME ET SCIENTIFIQUE,
LIBRAIRE DE LA SOCIÉTÉ CENTRALE DE SAUVETAGE,
21, rue Hautefeuille.

V

ARCHITECTURE NAVALE

TRAITÉ COMPLET

DU

TRACÉ DES BATIMENTS DE MER

PARIS. — IMPRIMERIE CUSSET ET Ce, RUE RACINE, 26.

TRAITÉ COMPLET

DU

TRACÉ DES BATIMENTS DE MER

Par E. BOISNEL

Ancien élève de l'École de maistrance de Brest,
Maître entretenu de la Marine de l'État.

PREMIÈRE PARTIE

DÉTERMINATION DE LA SURFACE EXTÉRIEURE DU NAVIRE.

DEUXIÈME PARTIE

CALCULS DU DÉPLACEMENT ET DE LA STABILITÉ DES BATIMENTS DE MER.

Accompagné de deux grandes planches.

PARIS

ARTHUS BERTRAND, ÉDITEUR,

LIBRAIRIE MARITIME ET SCIENTIFIQUE,
LIBRAIRE DE LA SOCIÉTÉ CENTRALE DE SAUVETAGE,
21, rue Hautefeuille.

L'instruction professionnelle doit avoir pour objet d'opérer un rapprochement entre la science, l'art et le métier. Il est rare qu'une même personne possède à la fois des connaissances un peu étendues sur chacun de ces trois éléments dont la réunion est si nécessaire dans l'industrie, et particulièrement dans celle des constructions navales.

Le fils de l'ouvrier doit commencer par apprendre le métier ; et, pour le bien savoir, il doit s'y exercer pendant plusieurs années ; il lui reste donc fort peu de temps à pouvoir se livrer à l'étude des sciences, étude très-laborieuse si elle n'est point dirigée de manière à résumer, autant que possible, les éléments nécessaires à la solution des questions relatives à sa profession ; et même dans ce cas, elle lui offre peu d'attraits au début, parce qu'il lui faut un certain laps de temps avant de reconnaître les avantages qu'il peut en retirer. La seule chose qui puisse l'attrayer est le dessin des plans de navire ; car, dans cette opération, il aperçoit immédiatement les relations qui existent entre le tracé et le travail d'exécution. Puisse cette première partie éveiller en lui le goût de l'étude, et lui ouvrir une voie qui le conduise à opérer un rapprochement sérieux entre le métier, l'art et la science : c'est ma seule ambition !

E. Boisnel.

TRAITÉ COMPLET

DU

TRACÉ DES BATIMENTS DE MER

Iʳᵉ PARTIE

DÉTERMINATION DE LA SURFACE EXTÉRIEURE DU NAVIRE

INTRODUCTION

Génération des surfaces en général. — La génération des surfaces est soumise à beaucoup de lois différentes.

Il existe plusieurs genres de surfaces pour lesquelles cette génération est fort simple ; il en est d'autres que l'on ne peut soumettre à une loi rigoureuse, et dont cependant il est nécessaire de déterminer la forme : telle est la surface dont il s'agit ici.

Lorsqu'il n'existe point de règles précises auxquelles soient assujettis les divers points d'une surface, on suppose, pour en déterminer la forme, des sections faites dans cette surface par un système de plans, ordinairement parallèles entre eux ; les projections des lignes courbes, que déterminent ces sections, sont données sur un plan parallèle aux premiers, afin qu'elles s'y présentent en vraie grandeur.

On peut encore, pour plus de rigueur dans la détermination de la surface, employer un autre système de sections ; soit par des plans perpendiculaires aux premiers, ou par des plans ayant telle position qui semble plus avantageuse. Ces plans étant suffisamment rapprochés, et la surface étant assujettie dans toutes ses parties à la loi de continuité, on conçoit qu'elle est ainsi déterminée, et qu'il devient possible de figurer telle autre section faite par un plan quelconque.

Surface du navire. — La surface du bâtiment que l'on se propose de déterminer, est formée de la partie plongée dans l'eau lorsque le navire est à flot et chargé, que l'on nomme *carène* ou œuvre vive et de la partie s'élevant au-dessus de la flottaison, que l'on nomme *œuvre morte*.

C'est à l'extérieur de la membrure que l'on considère cette surface, qui est continue dans toute son étendue ; elle se termine dans le fond et à l'avant, aux râblures de quille et d'étrave ; à l'arrière, à la râblure d'étambot (1) et à la surface du tableau ; enfin, la partie supérieure se termine à la lisse d'appui. — PBFGAKHN représente la projection de cette surface sur un plan vertical passant par le milieu de la quille dans le sens de la longueur. Ce plan, pour cette raison, se nomme *plan vertical longitudinal de projection* ou *plan diamétral*. FH représente la ligne de flottaison, FGAKH est la projection de la carène ou partie submergée, et PBFHN la projection de l'œuvre morte : toute la surface du bâtiment se trouve ainsi comprise en projection sur ce plan.

Pour parvenir à déterminer la forme de cette surface, on conçoit de l'avant à l'arrière, une suite de coupes ou sections faites par des plans perpendiculaires à la quille ; les projections des lignes courbes, que déterminent ces sections, sont tracées sur un plan parallèle aux premiers, que l'on nomme *plan vertical latidinal* ou *simplement vertical*.

Afin de rectifier les courbes que déterminent ces coupes, il est indispensable de faire d'autres coupes longitudinales, dont les courbes d'intersection doivent concorder avec les premières. On en fait ordinairement de quatre espèces :

1° Les lignes d'eau ;
2° Les sections verticales longitudinales ;
3° Les lisses planes ou lisses obliques ;
4° Les lisses à doubles courbures.

L'art de mettre l'accord indispensable entre ces diverses courbes d'intersection est la partie difficile du tracé : c'est une opération toute de tâtonnement, qui exige beaucoup de pratique.

L'opération qui consiste à déterminer les intersections de la surface du bâtiment par des plans longitudinaux, lorsqu'on connaît les projections d'une suite de coupes faites dans cette surface par une série de

---

(1) Les bâtiments en fer n'ont point de râblure, mais on donne ce nom au trait d'intersection de la surface intérieure du bordé avec la quille, l'étrave et l'étambot.

plans latitudinaux, est fort simple : car il suffit pour cela de savoir projeter la commune intersection de deux plans, puis opérer le rabattement et le relèvement d'une droite.

Soient en effet A,B,C,D (1), une série de plans de position donnée dont on connaît les projections des courbes d'intersection avec la surface du bâtiment ; soit M le plan dont il s'agit d'obtenir la courbe d'intersection, avec la même surface ; si l'on projette la commune intersection du plan M et du plan A, cette projection rencontrera généralement la projection de la courbe d'intersection du plan A en un point qui sera aussi la projection d'un point de l'intersection du plan M avec la surface du bâtiment. On obtiendra ainsi une série de points en projetant les intersections du plan M avec les autres plans B,C,D, qui détermineront la courbe d'intersection dont il s'agit.

Supposons, pour plus de généralité, que les courbes d'intersection des plans A,B,C,D, soient données par leur rabattement autour d'une des traces de ces plans.

Si, après avoir projeté la commune intersection du plan M avec le plan A, on la rabat autour de la même trace sur le même plan où est rabattue la courbe d'intersection du plan A, le rabattement de cette commune intersection rencontrera le rabattement de la courbe en un point qui, appartenant à la surface du bâtiment et à la commune intersection des deux plans M et A, est un point de la courbe dont il s'agit. Remettant ce point en projection, et opérant de la même manière pour les plans B,C,D, on obtiendra une série de points de la courbe d'intersection cherchée. Cela posé, nous donnons un tracé de coupes verticales latitudinales avec leur position sur la quille ; puis le tracé de l'étrave de l'étambot, de la voûte, du tableau et de la lisse d'appui. Nous établissons ensuite, en nous appuyant sur le raisonnement, quant cela est nécessaire, des règles pratiques pour tracer diverses coupes longitudinales. Nous faisons voir aussi comment, au moyen de l'une quelconque des séries de sections, on peut obtenir des points pour le tracé d'une autre section de position différente.

Nous donnons aussi les explications nécessaires pour mettre le charpentier à même de pouvoir relever sur la Salle, les éléments nécessaires à la confection des diverses pièces qui constituent le bâtiment en bois tors.

____

(1) Ces plans A,B,C,D sont imaginaires et ne sont point représentés sur la figure.

TRACÉ DES DIVERSES SECTIONS LONGITUDINALES.

Lignes d'eau sans différence. — On nomme lignes d'eau sans différence, des sections faites dans la carène par des plans horizontaux parallèles à la quille.

Le plan d'une ligne d'eau coupe les deux plans verticaux de projection suivant une droite GK, parallèle à la ligne de dessus-quille; son intersection avec les plans des couples, étant perpendiculaire au plan diamétral; se projette en vraie grandeur sur les deux autres plans de projection; donc :

Règle pratique : Pour obtenir la projection horizontale de l'intersection du plan d'une ligne d'eau avec la surface de la carène, on relève les ouvertures à chaque couple sur la trace GK du plan de la ligne d'eau ; on reporte ces ouvertures dans le plan horizontal sur les traces respectives de chaque couple à partir d'un axe P'O', tracé à cet effet parallèlement au dessus de quille, et les divers points ainsi obtenus, appartiennent au contour de la ligne d'eau.

Aboutissement. — Pour déterminer son aboutissement sur l'étrave, on trace une parallèle MN' à l'axe P'O', à une distance de cet axe, égale à la demi-épaisseur de l'étrave au fond de râblure : cette ligne MN' est la projection horizontale du fond de râblure ; or, si du point K, où la trace du plan de la ligne d'eau rencontre le trait du fond de râblure, on abaisse la perpendiculaire KK' sur MN', le point K', est le point d'aboutissement de la ligne d'eau.

L'aboutissement sur l'étambot se détermine de la même manière.

Remarque. — S'il s'agissait de tracer les couples au moyen des lignes d'eau, on ferait l'opération inverse : c'est-à-dire qu'on relèverait les ouvertures des couples où on les a portées pour le tracé des lignes d'eau et on les reporterait où on les avait relevées (1).

Lignes d'eau en différence. — On nomme lignes d'eau en différence, des sections faites dans la carène par des plans perpendiculaires au plan diamétral, sans être parallèles à la quille.

Le plan d'une ligne d'eau en différence coupe le plan diamétral suivant une droite FH dont la hauteur au dessus de la quille diffère à

____

(1) Cette remarque s'applique à tous les genres de sections.

chaque couple ; son intersection avec les plans des couples étant perpendiculaire au plan diamétral, est projetée en vraie grandeur sur les deux autres plans de projection ; donc :

Règle pratique. — Pour déterminer la projection horizontale d'une ligne d'eau en différence, on relève sur le plan diamétral, les diverses hauteurs de dessus quille aux points de rencontre de la trace du plan de la ligne d'eau avec le gabariage de chaque couple, on reporte ces hauteurs sur le vertical ; puis, par chaque point, on trace une horizontale jusqu'à rencontrer les couples correspondants ; cela fait, on relève les ouvertures de chaque couple sur l'horizontale qui lui correspond, on reporte ces ouvertures dans le plan horizontal, à partir de l'axe P'O' sur les traces respectives de chaque couple, et les divers points ainsi obtenus apartiennent au contour de la ligne d'eau.

Aboutissement. — Pour déterminer son aboutissement, on opère comme pour les lignes d'eau sans différence : c'est-à-dire que du point H, où la trace FH du plan de la ligne d'eau rencontre le trait du fond de râblure, on abaisse une perpendiculaire HH' sur la ligne MN' projection horizontale du fond de râblure, et le point H' est l'aboutissement de la ligne d'eau.

Lisses à double courbure. — On donne le nom de lisses à double courbure, à des sections faites dans le bâtiment par des surfaces courbes, engendrées par une droite génératrice perpendiculaire au plan diamétral, ayant pour directrice une ligne courbe située dans le même plan appelée ligne de tonture ; la surface ainsi engendrée coupe le plan de chaque couple suivant une droite perpendiculaire au plan diamétral, qui conséquemment se trouve projetée en vraie grandeur sur les deux autres plans de projection ; donc :

Règle pratique. — Pour déterminer la projection horizontale d'une lisse à double courbure, on relève sur le plan diamétral les diverses hauteurs de dessus quille aux points de rencontre de la ligne de tonture avec les traces des plans des couples ; on porte ces hauteurs sur le vertical ; puis, par chacun des points ainsi obtenus, on trace une horizontale jusqu'à la rencontre du trait du couple correspondant ; cela fait, on relève les ouvertures de chaque couple sur l'horizontale qui lui correspond, on reporte ces ouvertures dans le plan horizontal sur les traces respectives de chaque couple, et les divers points ainsi obtenus, appartiennent au contour de la lisse à double courbure.

Aboutissement sur l'Etrave. — L'aboutissement sur l'étrave, d'une lisse à double courbure, se détermine comme celui d'une ligne d'eau : c'est-à-dire que du point N où la ligne de tonture rencontre le centre de râblure, on abaisse une perpendiculaire NN' sur la ligne MN', et le point N· est l'aboutissement de la lisse.

Aboutissement sur l'arrière. — Pour déterminer l'aboutissement à l'arrière, on abaisse du point B une perpendiculaire BB' sur l'axe des lisses à double courbure; on porte, à partir du point B', une longueur B'D égale au bouge que doit avoir le tableau, suivant la tonture ; par le point D on mène une perpendiculaire DJ jusqu'à rencontrer le trait de contour de la lisse de pont, et le point de rencontre J est l'aboutissement de cette lisse. Afin de pouvoir déterminer l'aboutissement de la lisse d'appui, on trace, au moyen du trait de barrot, la courbe JB·J' qui est la projection de la courbe d'intersection de la surface de la lisse avec le tableau ; puis, du point P on abaisse une perpendiculaire PP' sur l'axe, par le point P' on trace une courbe parallèle à BJ jusqu'à rencontrer le trait de contour de la lisse d'appui ; et le point de rencontre E, est l'aboutissement de cette lisse.

Si, par les points J et E, on élève des perpendiculaires JJ" et EE' jusqu'à rencontrer les lignes de tonture du pont et de la lisse d'appui, et que l'on joigne les points J" et E' par une droite, cette ligne J'E' peut-être considérée, sans erreur sensible, comme la projection de l'arête d'intersection du tableau avec la face latérale du bâtiment.

Sections verticales longitudinales. — On nomme sections verticales longitudinales ou simplement sections, des coupes faites dans le bâtiment par des plans parallèles au plan diamétral. La trace horizontale d'un plan de section est parallèle à l'axe des lignes d'eau, et sa trace sur le plan vertical latitudinal est parallèle à l'axe des couples.

Points relevés sur les couples. — Le plan d'une section et le plan d'une couple étant l'un et l'autre perpendiculaires au plan horizontal, leur commune intersection est aussi perpendiculaire à ce plan, et, par suite, parallèle aux deux autres plans de projection où elle se projette en vraie grandeur; donc :

Règle pratique. — Pour obtenir la projection d'une section sur le plan diamétral, on relève sur le vertical les diverses hauteurs de dessus-quille aux points de rencontre de la trace de la section avec chaque trait de couple, on reporte ces hauteurs dans le plan diamétrial, à partir de dessus-quille sur les traces respectives des couples, et les divers points ainsi obtenus appartiennent à la courbe d'intersection du plan de la section avec la surface du bâtiment.

Points d'intersection avec les lignes d'eau et lisses à double courbure. — Le point S, où la trace horizontale d'un plan d'une section rencontre la projection d'une ligne d'eau ou d'une lisse à double courbure est la projection d'un point de la surface du bâtiment commun à la section et à la ligne d'eau ou lisse à double courbure, lequel point doit se trouver projeté, dans le plan diamétral, sur une perpendiculaire à l'axe des lignes d'eau passant par la projection horizontale, mais il doit aussi se trouver projeté sur la trace du plan de la ligne d'eau, ou sur la ligne de tonture ; de là cette règle :

Règle pratique. — Pour obtenir des points de contour du tracé d'une section sur le plan diamétral au moyen des lignes d'eau ou des lisses à double courbure par chacun des points S de rencontre de la trace horizontale du plan de la section avec le trait de contour de la ligne d'eau ou de la lisse à double courbure, on mène des perpendiculaires à l'axe des lignes d'eau jusqu'à rencontrer, dans le plan diamétral, les traces respectives des plans de chaque ligne d'eau ou la ligne de tonture correspondante à la lisse à double courbure, et chacun des points de rencontre S' appartient à la section dont il s'agit.

TRACÉ DES LIGNES D'EAU AU MOYEN DES SECTIONS.

Règle pratique. — Réciproquement, pour déterminer des points du tracé d'une ligne d'eau ou d'une lisse à double courbure sur le plan horizontal au moyen des sections, on mène par chacun des points de rencontre du trait de contour de la section avec les traces du plan de la ligne d'eau ou de la ligne de tonture, des perpendiculaires à l'axe des lignes d'eau jusqu'à venir rencontrer dans le plan horizontal la trace du plan de la section. et chacun des points ainsi obtenus appartient au trait de contour de la ligne d'eau ou de la lisse à double courbure.

Aboutissement des sections à l'arrière — On voit, par ce qui précède, que les sections verticales se terminent à l'avant à la lisse d'appui ; mais, à l'arrière, la plupart aboutissent à l'angle de la voûte.

Pour obtenir cet aboutissement on mène par le point I', où la trace horizontale de la section rencontre la projection de l'arête d'angle de voûte, une perpendiculaire à l'axe jusqu'à rencontrer la ligne de tonture, et ce point de rencontre I est l'aboutissement de la section.

Si on relève ensuite les diverses hauteurs de dessus-quille aux points
d'aboutissement des sections sur le plan diamétral à l'arête de voûte, et
qu'on les reporte dans le plan vertical latitudinal, sur les traces respectives des plans des sections, on obtiendra une suite de points de la projection verticale latitudinale de l'arête d'angle de voûte.

Remarque sur l'angle de voûte. — Nous avons supposé pour plus de
simplicité (ce qui, du reste, a lieu souvent), que l'arête d'angle de
voûte se trouvait dans la surface même de la lisse de pont; mais, il
arrive parfois aussi que cette arête est un peu cintrée dans le plan vertical latitudinal; dans ce cas, on peut commencer par tracer la projection verticale latitudinale de cette arête; puis, on relève la hauteur de
dessus quille au point L', où cette projection rencontre l'axe des couples. On reporte cette hauteur dans le plan diamétral, verticalement, à
partir du dessus de la quille, sur la ligne du tableau BP; on relève de
même sur le vertical la hauteur de cette même projection d'arête de
voûte à l'endroit de la plus grande largeur du tableau, ou mieux, au
point de demi-largeur du tableau sur cette arête; puis, on reporte cette
hauteur de la même manière dans le plan diamétral sur la droite J''E'.
On obtient ainsi deux points J'' et L, que l'on joint par une droite,
et souvent on considère cette droite J''L comme la projection de l'arête
de voûte (ce qui n'est pas rigoureusement vrai). Cela fait, du point L,
on abaisse une perpendiculaire L L'' sur l'axe; puis, on détermine la
courbe L''RJ, au moyen du trait de barrot; cette courbe L'', R, J
est la projection horizontale de l'arête d'angle de voûte; or, si par le
point R, où la trace horizontale du plan d'une section rencontre cette
projection, on élève une perpendiculaire jusqu'à rencontrer la droite
LJ'' sur le plan diamétral, ce point de rencontre peut être considéré
généralement, sans erreur sensible, comme l'aboutissement de la section; du reste, pour l'avoir exactement, on relève sur le vertical la
hauteur de dessus-quille au point de rencontre de la trace du plan de la
section avec la projection de l'arête de voûte; puis, on reporte cette
hauteur dans le plan diamétral sur la perpendiculaire RR', et le point
R', ainsi obtenu, est l'aboutissement de la section; opérant ainsi pour
les autres sections, on obtient une suite de points de la projection de
l'arête d'angle de voûte, en même temps qu'ils sont les aboutissements
des sections sur cette arête.

Lisses obliques. — On nomme lisses obliques des sections faites dans le bâtiment par des plans perpendiculaires au plan vertical latudinal, et obliques aux deux autres plans de projection.

Les traces du plan d'une lisse sur les deux plans longitudinaux, sont parallèles à la ligne de dessus quille.

Le plan d'une lisse oblique coupe les plans des couples suivant des droites parallèles au plan vertical latitudinal de projection ; de là résulte que ces diverses intersections se trouvent projetées en vraie grandeur sur le vertical, ainsi que les intersections des plans des couples avec la surface du bâtiment.

Projection des lisses obliques. — Pour déterminer des points du contour de la projection d'une lisse sur le plan horizontal, il suffit de prendre les ouvertures de chaque couple horizontalement, au point de rencontre de la trace du plan de la lisse avec le trait de contour de chaque couple et de les reporter dans le plan horizontal sur les traces respectives des couples. Tous les points que l'on obtient ainsi, appartiennent au trait de contour de la projection horizontale de l'intersection du plan de la lisse avec la surface du bâtiment.

Pour déterminer des points du contour de la projection verticale longitudinale d'une lisse oblique, on prend les hauteurs sur le vertical à partir de la ligne de dessus quille aux points où la trace de la lisse rencontre le trait de chaque couple ; on reporte ces hauteurs dans le plan diamétral, sur les gabariages respectifs de chaque couple, et les divers points ainsi obtenus appartiennent au trait de contour de la projection verticale longitudinale de l'intersection du plan de la lisse avec la surface du bâtiment.

Aboutissement. — Pour obtenir le point d'aboutissement d'une lisse en projection sur le plan diamétral, on relève sur le vertical la hauteur de dessus-quille au point de rencontre de la trace du plan de la lisse, avec la ligne de fond de râblure ; on reporte cette hauteur dans le plan diamétral, verticalement, à partir de dessus quille, de manière que le point de hauteur rencontre le trait de centre de râblure, et ce point de rencontre est l'aboutissement cherché.

Pour obtenir l'aboutissement sur le plan horizontal, il suffit d'abaisser du point d'aboutissement sur le plan diamétral, une perpendiculaire à l'axe des lisses, jusqu'à venir rencontrer le trait de la projection horizontale du fond de râblure.

Rabattement des lisses obliques. Pour obtenir le tracé dés lisses en rabattement, on suppose que le plan de la lisse tourne autour de sa trace verticale longitudinale jusqu'à devenir parallèle au plan horizontal, et que, dans cette position, on projette le trait de contour de la lisse sur le plan horizontal ; or, dans ce mouvement, la commune intersection des plans de la lisse et du couple ne cesse pas d'être dans le plan du couple, et conséquemment vient se projeter dans le plan horizontal sur la trace même de ce couple ; et, comme cette commune intersection est projetée en vraie grandeur sur le vertical, on peut conclure de là cette règle :

Règle pratique. — Pour tracer les lisses obliques en rabattement sur le plan horizontal, on relève sur le vertical les ouvertures des couples suivant l'obliquité de la lisse, on reporte ces ouvertures dans le plan horizontal sur les traces respectives des couples, et chacun des points ainsi déterminé appartient au trait de contour du rabattement de la lisse.

1re lisse. *Aboutissement sur l'étrave.* — Pour déterminer son point d'aboutissement sur l'étrave, on trace d'abord une ligne T U parallèle à l'axe des lisses, à une distance de cet axe égale à la demi-épaisseur de l'étrave au fond de râblure, mesurée suivant l'obliquité de la lisse ; on relève ensuite sur le vertical la hauteur du dessus de quille au point de rencontre de la trace du plan de la lisse avec la ligne de projection du fond de râblure ; on reporte cette hauteur dans le plan diamétral à partir de dessus-quille ; par ce point de hauteur, on trace une horizontale U' qui rencontre le trait de centre de râblure ; puis, par ce point de rencontre U', on abaisse une perpendiculaire sur l'axe des lisses jusqu'à venir rencontrer la ligne TU et le point U est l'aboutissement de la lisse.

Sur l'Étambot. — Le point d'aboutissement sur la râblure d'étambot s'obtient de la même manière.

Sur la voûte. — Pour obtenir le point d'aboutissement d'une lisse qui vient se terminer sur la voûte, on relève la hauteur de la lisse sur l'axe des couples ; on reporte cette hauteur dans le plan diamétral, à partir de dessus-quille, et par ce point de hauteur, on mène une horizontale qui rencontre le trait de la voûte en C ; de ce point de rencontre, on abaisse une perpendiculaire sur l'axe des lisses, et le point C', où la perpendiculaire rencontre cet axe et l'aboutissement de la lisse.

Sur l'arête d'angle de voûte. — Pour obtenir le point d'aboutissement d'une lisse qui vient se terminer à l'arête d'angle de la voûte, on relève sur le vertical la distance horizontale de l'axe des couples au point de rencontre K de la trace du plan de la lisse avec la projection de l'arête d'angle de la voûte; on reporte cette distance dans le plan horizontal, à partir de l'axe des lisses perpendiculairement à cet axe, de manière que le point relevé tombe sur la projection du trait d'arête d'angle de voûte. Le point K', ainsi obtenu, est la projection du point d'aboutissement. Pour l'avoir en rabattement, on mène par le point K' une perpendiculaire à l'axe des lisses; puis, on relève sur le vertical, suivant l'obliquité de la lisse, la distance de l'axe des couples au point K, où la projection d'arête d'angle de voûte rencontre la trace de la lisse; on reporte cette distance dans le plan horizontal, à partir de l'axe des lisses sur la perpendiculaire K'K", et le point K" ainsi obtenu, est le point d'abou_ tissement de la lisse en rabattement.

Différence d'axe des lisses obliques. — Le plus souvent, à cause du relevé des façons, la hauteur des lisses sur l'axe est plus grande à l'arrière qu'à l'avant; de là résulte que, si l'on traçait les lisses comme il vient d'être dit, sans tenir compte de cette différence, le trait de la partie avant ne rencontrerait pas celui de la partie arrière (1); or, pour rétablir la coïncidence au maître, afin de pouvoir mieux rectifier la courbure, s'il y a lieu, on reporte la partie avant parallèlement à elle-même d'une quantité égale à la différence des deux ouvertures au maître. Pour cet effet, on trace un nouvel axe parallèle au premier, à une distance de celui-ci égale à la différence des ouvertures de la lisse au maître, et on reporte tous les points de l'avant à partir de ce nouvel axe.

On pourrait aussi bien reporter la partie arrière en sens inverse de la même quantité et la coïncidence des traits aurait lieu également.

On pourrait aussi se dispenser de tracer un nouvel axe en ayant soin d'ajouter aux ouvertures de la partie avant la quantité dont elles diffèrent au maître couple avec celles de l'arrière : pour cela, on prend l'ouverture de la lisse au maître sur la partie arrière, on reporte cette ouverture sur la partie avant, à partir du trait du maître : on obtient ainsi un point Y sur le prolongement de la trace du plan de la lisse, d'où on relève toutes les ouvertures, y comprise celle du fond de rablure

---

(1) La première lisse est tracée ainsi.

pour l'aboutissement, et on reporte ces ouvertures dans le plan des lisses à partir du grand axe.

Points d'intersection des lisses avec les lignes d'eau. — La commune intersection des plans d'une lisse et d'une ligne d'eau perce la surface du bâtiment en un point qui appartient à la fois au trait de contour de la ligne d'eau et à celui de la lisse; ce point doit se trouver projeté au point de rencontre de la projection de la commune intersection des deux plans avec le trait de contour de la ligne d'eau; il doit se trouver rabattu dans le plan de la lisse au point de rencontre du rabattement de la même intersection des deux plans avec le trait de contour du rabattement de la lisse; de plus, la projection et le rabattement de ce point doivent se trouver sur une même perpendiculaire à l'axe des lisses; de là cette règle :

Règle pratique. — Pour obtenir des points de contour du tracé d'une lisse oblique en rabattement sur le plan horizontal, au moyen des lignes d'eau, on relève dans le vertical sur la trace du plan de la ligne d'eau la distance de l'axe au point de rencontre X de la trace du plan de la lisse; on reporte cette distance dans le plan des lignes d'eau à partir de l'axe; par le point ainsi obtenu, on trace une parallèle à l'axe qui rencontre le trait de la ligne d'eau, et ce point X' de rencontre est la projection du point d'intersection. Cela fait, on relève dans le vertical, sur la trace du plan de la lisse, la distance de l'axe au point de rencontre du plan de la ligne d'eau, on reporte cette distance dans le plan des lisses à partir de l'axe; par le point ainsi obtenu, on mène une parallèle à l'axe qui doit rencontrer le trait de la lisse; enfin, par le point X', on mène une perpendiculaire à l'axe jusqu'à rencontrer la parallèle, menée dans le plan des lisses, et le point de rencontre X" est un point du contour de la lisse.

Si la lisse était tracée avant la ligne d'eau et qu'on voulût déterminer des points pour le tracé de la ligne d'eau au moyen de la lisse, l'opération serait exactement la même; seulement, le point X' serait déterminé par une perpendiculaire à l'axe menée par le point X", tandis que celui-ci avait été déterminé par la même perpendiculaire menée par le point X'.

Lignes d'eau en différence, Règle pratique. — S'il s'agit d'une ligne d'eau en différence, on projette encore la commune intersection des deux plans de la lisse et de la ligne d'eau dans le plan des lignes d'eau;

pour cela, on relève dans le vertical sur deux des horizontales d'intersection des plans de la ligne d'eau et des couples, les distances de l'axe aux points Z et V de rencontre du plan de la lisse ; on reporte ces distances dans le plan des lignes d'eau à partir de l'axe sur les traces respectives des couples auxquels correspondent les lignes d'intersection où sont relevées les distances dans le vertical, et la ligne Z' V', passant par les points ainsi obtenus est la ligne d'intersection, et U le point cherché.

Il faut ensuite tracer cette même commune intersection en rabattement dans le plan des lisses ; pour cela, on relève dans le vertical, sur la trace de la lisse la distance de l'axe aux points Z et V, on reporte ces distances dans le plan des lisses à partir de l'axe sur les mêmes traces où on les a déjà portées pour les lignes d'eau.

La ligne Z" V" passant par les points ainsi obtenus est la ligne d'intersection rabattue, et le point U' est le rabattement du point projeté en U ; or, on sait que ces deux points U et U' doivent se trouver sur une même perpendiculaire à l'axe ; donc, le reste se fait comme pour les lignes d'eau sans différence.

POINTS D'INTERSECTION DES LISSES AVEC LES SECTIONS VERTICALES

LONGITUDINALES.

La commune intersection des plans d'une lisse et d'une section perce la surface du bâtiment en un point qui appartient à la fois au trait de contour de la section et à celui de la lisse.

Ce point doit se trouver projeté au point de rencontre de la projection de la commune intersection des deux plans avec le trait de contour de la section ; il doit aussi se trouver rabattu dans le plan de la lisse, au point de rencontre du rabattement de la même intersection des deux plans avec le trait de contour du rabattement de la lisse ; de plus, la projection et le rabattement de ce point doivent se trouver sur une même perpendiculaire à l'axe des lisses ; de là cette règle.

Règle pratique. — Pour obtenir des points de contour du tracé d'une lisse en rabattement sur le plan horizontal au moyen des sections, on relève dans le vertical sur la trace du plan de la section, la hauteur de dessus-quille au point de rencontre Q de la trace du plan de la lisse ; on reporte cette hauteur dans le plan diamétral à partir de dessus-quille ; par le point Q' ainsi obtenu, on trace une horizontale qui rencontre le

3e lisse
et 2e section
avant.

trait de la section, et ce point de rencontre est la projection du point d'intersection : cela fait, on relève dans le vertical sur la trace du plan de la lisse, la distance de l'axe au point Q de rencontre du plan de la section, on reporte cette distance dans le plan des lisses à partir de l'axe ; par le point ainsi obtenu, on mène une parallèle à l'axe qui rencontre le trait de la lisse ; enfin, par le point Q', on mène une perpendiculaire à l'axe jusqu'à rencontrer la parallèle menée dans le plan des lisses, et le point de rencontre Q" est un point du contour de la lisse.

Si la lisse était tracée avant la section et qu'on voulût déterminer des points pour le tracé de la section au moyen de la lisse, l'opération serait exactement la même ; seulement, le point Q' serait déterminé par une perpendiculaire à l'axe menée par le point Q", tandis que celui-ci avait été déterminé par la même perpendiculaire menée par le point Q'.

Lorsqu'on a tracé les diverses sections dont nous venons de parler, en nombre convenable, et que les diverses courbes d'intersection concordent entr'elles et avec le tracé des couples, on peut considérer la surface du bâtiment entièrement réglée et s'occuper alors du tracé des coupes nécessaires à l'exécution, telles que couples dévoyés, barres d'arcasse, etc.

Nous l'avons déjà dit : c'est dans l'art de faire concorder ces diverses sections que consiste la première difficulté du tracé ; aussi, ne pouvons-nous engager trop les jeunes charpentiers à se familiariser avec ce genre de travail ; ajoutons que, ce pas fait, le reste vient facilement, car s'il est parfois difficile d'établir des règles pour déterminer certaines coupes ; une fois ces règles établies, elles sont généralement faciles à appliquer.

Exécution des couples. — Pour l'exécution des couples droits, il faut trois éléments :

LE GABARI, LES ÉQUERRAGES ET LES OUVERTURES.

Gabari. — Le gabari se fait sur le trait du couple dans le vertical ; on marque sur ce gabari les diverses traces des plans des lisses obliques, puis les horizontales qui indiquent la hauteur des lisses à double courbure pour le couple dont il s'agit.

On peut aussi marquer sur le gabari la position des lignes d'eau et celle des sections verticales longitudinales.

Équerrage. — Pour équerrer un couple droit, on relève dans le plan horizontal l'angle que fait la trace du couple avec le contour de la lisse.

Il est essentiel d'observer que cet angle étant relevé dans le plan de
la lisse doit être reporté sur la pièce que l'on exécute dans le même
plan ; pour cela, on trace sur la face droite de la pièce le trait de la
lisse marqué sur le gabari ; ce trait indique déjà la direction de l'équerre
dans cette face, et comme le plan de la lisse est perpendiculaire à celui
du couple, on devrait, à la rigueur, déterminer ce plan sur la pièce au
moyen d'une équerre carrée ; mais, souvent on se borne à placer une
branche de l'équerre sur le trait de la lisse, en ayant soin que cette
branche soit bien en contact avec le plan sur lequel elle est posée, et si
l'équerre est bien faite, l'autre branche doit prendre la direction voulue.

On peut aussi équerrer les couples au moyen des lignes d'eau ; pour
cela, on relève l'angle que fait la trace du couple avec le trait du contour
de la ligne d'eau, on reporte cet équerrage, comme ceux des lisses, en
ayant soin de placer une branche de l'équerre sur la ligne d'intersection
du plan de la ligne d'eau qu'on a dû marquer sur le gabari, et de diriger l'autre branche de l'équerre perpendiculairement à la surface plane.

On peut encore équerrer les couples au moyen des sections ; pour
cela, on relève l'angle que fait la trace du couple avec le trait de contour de la section ; on reporte cet équerrage comme ceux des lisses, en
ayant soin de placer une des branches de l'équerre sur la ligne d'intersection du plan de la section, et de diriger l'autre branche perpendiculairement à la face plane de la pièce.

Ouvertures. — On relève les ouvertures horizontalement sur le trait
de chaque couple à diverses lisses, en ayant soin d'indiquer sur la règle
la lisse où l'ouverture a été relevée.

DEVIS DU TRACÉ.

Le devis du tracé est un relevé de la position des divers plans des sections
faites dans le bâtiment pour en déterminer la forme et des mesures pri-
ses dans ces sections pour reproduire leurs courbes d'intersection avec
la surface du navire.

Position des plans. — On relève la position des couples par rapport
aux deux perpendiculaires d'étrave et d'étambot. La position des plans
des lignes d'eau se relève à partir de dessus-quille, et celle des sections
à partir de l'axe des couples. Pour avoir la position des plans des lisses

obliques, on relève d'abord sur l'axe des couples la hauteur où la trace de la lisse rencontre cet axe ; puis, pour les lisses inférieures, on mesure sur la ligne de dessus-quille la distance de l'axe des couples au point de rencontre de la lisse ; et pour les lisses supérieures, on mesure la hauteur à partir de dessus quille, au point où la trace de la lisse rencontre une parallèle à l'axe des couples passant par le point de la plus grande largeur du maître couple.

Détermination des courbes. — Afin de pouvoir reproduire le tracé des couples, on relève les ouvertures sur le vertical, exactement de la même manière qu'on l'a fait pour le tracé des diverses sections longitudinales.

Pour le tracé de l'étrave, on relève les hauteurs de divers points à partir de dessus-quille, puis on relève les distances respectives de chacun des points à la perpendiculaire avant.

On opère semblablement pour l'étambot, la voûte et le tableau.

En général, pour pouvoir reproduire un point quelconque du tracé, on relève les distances de ce point à deux lignes non parallèles dont la position est déterminée ; ces lignes sont le plus souvent le dessus de quille, et l'une des perpendiculaires avant ou arrière ou l'axe des couples.

On emploie souvent cette méthode pour relever les points de rencontre des lisses avec le trait de contour du maître-couple.

DÉTERMINATION DE LA SURFACE EXTÉRIEURE DU BORDÉ DE LA CARÉNE.

Quelques constructeurs font leurs plans de navire de manière à représenter la surface extérieure du bordé ; de là résulte la nécessité de retrancher l'épaisseur des bordages pour obtenir le tracé des gabaris des couples.

Réciproquement, quand le tracé du bâtiment est fait hors-membres et qu'il s'agit de calculer le volume d'eau déplacé par la carène, il devient nécessaire d'ajouter l'épaisseur du bordage. C'est ce deuxième cas que nous allons examiner pour suivre une marche directe, puisque nous avons jusqu'à présent considéré la surface hors-membres ; mais on conçoit aisément que les principes établis pour ce cas seront facilement applicables au premier.

Pour déterminer le tracé des lignes d'eau hors bordé, on commence par tracer le trait extérieur du bordage au maître couple, puis on indique, au moyen de fausses lisses, la direction supposée de chaque virure plus épaisse que le bordé de la carène, ainsi que la loi de diminution des épaisseurs vers les extrémités avant et arrière. On détermine ainsi une suite de cotes pour tous les couples à chaque fausse lisse.

Lorsqu'on a ainsi fixé les épaisseurs de bordage dans toute l'étendue de la surface, on obtient le tracé des couples et des lignes d'eau hors bordé, au moyen de sections normales.

SECTIONS NORMALES TRACÉES DANS LE PLAN HORIZONTAL.

Soit mn la trace d'un plan normal au point o de la 4ᵐᵉ ligne d'eau arrière; pour obtenir l'intersection de ce plan avec la surface extérieure de la membrure, on mène par les points m et n des perpendiculaires, mm', nn', à la trace mn; on porte sur ces perpendiculaires deux distances, mm', nn', égales à la hauteur comprise entre les deux plans de lignes d'eau et les trois points m', o, n' appartiennent à la courbe d'intersection dont il s'agit. Or, lorsqu'on a tracé cette courbe, on porte l'épaisseur du bordage de e en p, et le point p appartient au trait de contour de la ligne d'eau hors bordé. On détermine ainsi une suite de points au moyen desquels on trace les lignes d'eau, et par suite les couples, afin de rectifier les premières, s'il y a lieu.

TRACÉ DE LA MÊME SECTION DANS LE LATITUDINAL.

On peut facilement tracer cette même section dans le plan latitudinal. Pour cela, nous supposerons que le plan de cette section tourne autour de sa ligne d'intersection sx avec le 6ᵐᵉ couple arrière, dont le trait de gabari est $fo'h$, jusqu'à venir se rabattre sur celui-ci. Le point o' reste fixe, et on obtient les deux autres en portant on, pris dans le plan horizontal, de s en n'' puis om de x en m''. Or, si l'on porte, à partir du trait $m''o'n''$, et au carré de ce trait, une distance $o'p'$, égale à l'épaisseur du bordage, on obtient la distance $o'p'$, qu'on reporte dans le plan horizontal sur la trace mn de o en p, on détermine le point p.

Remarque. — Cette deuxième opération nous conduit à faire remarquer que le trait $m''o'n''$ diffère généralement de celui du couple droit $fo'h$ sur une distance $o'e'$, d'une quantité assez petite pour être considérée comme nulle; donc, considérant $fo'h$ comme le rabattement de la section normale, on porte, à partir de ce trait, une distance ep égale à l'épaisseur du bordage, et on obtient $o'p$, qu'on reporte sur le plan horizontal de o en p, ou, si l'on veut, de o'' en p'', ce qui peut se faire généralement sans erreur sensible.

Règle pratique. — Cette manière d'opérer, très-simple et très-expéditive, peut s'énoncer comme suit :

Pour obtenir des points du tracé des lignes d'eau hors bordé, on porte dans le latitudinal les épaisseurs respectives des bordages sur chaque ligne d'eau, à partir des traits des couples droits et au carré de ces traits. On relève la distance de chacun de ces points au trait du couple suivant la direction de la ligne d'eau, puis on reporte ces distances dans le plan horizontal sur les gabarriages respectifs de chaque couple, à partir du trait de la ligne d'eau pour laquelle on opère, et au carré de ce trait, et chacun des points ainsi obtenus appartient au trait de contour de la ligne d'eau hors bordé.

On fait souvent des plans de navires dont les plans des couples son perpendiculaires à la flottaison en charge, que l'on considère alors comme plan horizontal de projection. Le seul changement à apporter aux règles précédemment établies consiste à prendre les hauteurs à partir de ce plan de flottaison, au lieu de les relever à partir du dessu de la quille.

Maison Lafargue : Coderc, Degréteau et Poujol, succ.

Bordeaux. — Imp. de F. Degréteau et Cie.

IIᵉ PARTIE.

CALCUL DU DÉPLACEMENT ET DE LA STABILITÉ DES BATIMENTS DE MER.

Le calcul du déplacement de la carène d'un bâtiment a pour but de déterminer le volume total de la partie immergée, afin d'obtenir le poids du navire et celui de son chargement.

Pour déterminer le poids d'un bâtiment, on se base sur ce principe de physique : le poids d'un corps flottant dans un liquide est égal au poids du liquide déplacé.

Conséquemment, si l'on multiplie le déplacement exprimé en mètres cubes par 1,026 qui est la pesanteur spécifique de l'eau de mer, on obtient pour résultat le poids du bâtiment exprimé en tonneaux de 1,000 kilogrammes.

Il résulte évidemment de ce principe que, si l'on calcule le déplacement de la tranche comprise entre la ligne d'eau à lége et celle en charge, on connaîtra le poids du chargement, ou mieux encore, si l'on calcule le déplacement par tranches horizontales très-minces, on pourra déterminer à l'avance l'enfoncement du bâtiment pour un poids donné, ou réciproquement, déterminer le poids que le bâtiment peut supporter pour un enfoncement donné.

Décomposition du volume de la carène. — Pour calculer le déplacement d'un bâtiment, on partage la hauteur comprise entre l'arête inférieure de la râblure de la quille et la ligne d'eau en charge en tranches d'égale épaisseur; on évalue séparément le volume de chaque tranche, puis on en fait la somme.

On obtient le volume de ces tranches au moyen des surfaces des lignes d'eau et la hauteur de la tranche; or, ce dernier élément est connu; il nous reste à nous occuper de la détermination du premier. Nous considérerons d'abord la ligne d'eau en charge, parce qu'elle vient aboutir aux perpendiculaires d'étrave et d'étambot, et conséquemment se trouve divisée en trapèzes de même hauteur par des couples équidistants tracés à cet effet.

Fig. 1. Soit ABCDFG le trait de contour hors bordé d'une ligne d'eau dont les aboutissements A et G sont sur les perpendiculaires d'étambot et d'étrave, et soit proposé d'évaluer la surface ABCDFGG'A'.

Pour cela, on divise la distance A'G', comprise entre les perpendiculaires, en parties égales assez petites pour que les parties AB, BC,..... du trait de contour comprises entre les perpendiculaires menées par les points de division, puissent être considérées sans erreur sensible comme des lignes droites, et alors la surface de la ligne d'eau se trouve décomposée en trapèzes dont il est facile d'évaluer l'aire.

Désignons par T, T_1, T_2, T_3, T_4 les surfaces des divers trapèzes, puis par a_1, a_2, a_3, a_4, a_5, a_6 les longueurs de leurs bases et par d la hauteur commune, nous aurons :

$$T = \left(\frac{a_1}{2} + \frac{a_2}{2}\right) . d$$

$$T_1 = \left(\frac{a_2}{2} + \frac{a_3}{2}\right) . d$$

$$T_2 = \left(\frac{a_3}{2} + \frac{a_4}{2}\right) . d$$

$$T_3 = \left(\frac{a_4}{2} + \frac{a_5}{2}\right) . d$$

$$T_4 = \left(\frac{a_5}{2} + \frac{a_6}{2}\right) . d.$$

Faisant la somme de tous ces trapèzes, ce qui se fait en multipliant la somme des quantités entre parenthèses par le facteur commun d, on obtient pour l'expression de la surface totale qui forme la demi-surface de la ligne d'eau $\left(\frac{a_1 + a_6}{2} + a_2 + a_3 + a_4 + a_5\right) . d$, résultat qui démontre que, pour calculer la surface d'une ligne d'eau qui vient aboutir sur les perpendiculaires, on ajoute les demi-ordonnées des extrémités avec les ordonnées entières intermédiaires, on multiplie la somme par la distance commune, comprise entre deux ordonnées consécutives, et on double le produit.

Lorsque la ligne n'aboutit pas sur les perpendiculaires, on peut calculer d'abord la partie comprise entre les deux couples extrêmes au moyen de la formule précédente, puis calculer à part les trapèzes des extrémités et les ajouter à la première partie; mais ordinairement, pour simplifier les opérations, on transforme les extrémités de manière à ce que l'ordonnée extrême soit nulle tout en conservant la même grandeur de surface; pour cela, on détermine un point S sur le dernier couple, tel qu'en le joignant aux deux points R et O par deux droites, il en résulte que les surfaces RSPM et PNEO soient équivalentes; alors on substitue PNEO à la place de RSPM, et la formule précédente devient applicable avec cette seule différence que les demi-ordonnées extrêmes sont représentées par zéro, ce qui ne change rien à la généralité de cette formule.

Fig. 2.

Transformation des extrémités avant et arrière des lignes d'eau. — Soit HENMR la partie à transformer, et soit S un point tel qu'en l'unissant aux points O et R, on ait la surface HOSR équivalente à HENMR.

Représentons, pour plus de brièveté, les longueurs HR, LM, EN par a, b, c, par d et r les distances HL et LE, puis par x la distance LS du point cherché à l'axe des lignes d'eau.

On a évidemment surface

$$\text{HOSR} = \left(\frac{a}{2} + x\right) . d$$

puis surface

$$\text{HENMR} = \frac{a+b}{2} . d + \frac{b+c}{2} . r;$$

mais ces deux surfaces devant être équivalentes, on aura :

$$\left(\frac{a}{2} + x\right) . d = \frac{a+b}{2} . d + \frac{b+c}{2} . r,$$

multipliant les deux membres par 2, et effectuant les multiplications indiquées, il vient :

$$ad + 2dx = ad + bd + br + cr;$$

supprimant ad dans les deux membres et divisant par $2d$, puis mettant r en facteur commun, on aura :

$$x = \frac{b}{2} + \frac{b+c}{2d} . r,$$

ou bien encore

$$x = \frac{b}{2} + \frac{b+c}{2} \times \frac{r}{d},$$

expression facile à construire.

Il suffit pour cela de chercher une quatrième proportionnelle aux trois lignes d, r et $\frac{b+c}{2}$ et de l'ajouter à $\frac{b}{2}$, car en désignant par u cette quatrième proportionnelle, on aura :

$$\frac{d}{r} = \frac{{}^1/_2\,(b+c)}{u},$$

d'où

$$u = \frac{b+c}{2} \times \frac{r}{d}$$

et par suite

$$x = \frac{b}{2} + u.$$

Pour construire cette quatrième proportionnelle u, on divise d'abord l'ordonnée LM en deux parties égales, et, à partir du milieu K, on porte KI égale à la moitié de EN, on a alors :

$$\text{LI} = \frac{b+c}{2}.$$

Cela fait, on joint IO, puis par le point E on mène une parallèle à IO qui vient rencontrer LM en U, et LU est la quatrième proportionnelle cherchée, car on a $\dfrac{\text{LO}}{\text{LE}} = \dfrac{\text{LI}}{\text{LU}}$, mais $\text{LO} = d$, $\text{LE} = r$ et $\text{LI} = \dfrac{b+c}{2}$.

Substituant ces valeurs, il vient :

$$\frac{d}{r} = \underbrace{\left(\frac{b+c}{2}\right)}_{u}, \quad \text{d'où} \quad u = \frac{b+c}{2} \times \frac{r}{d}.$$

Or si l'on ajoute cette valeur de u à $\text{LK} = \dfrac{b}{2}$ on aura :

$$\text{LS} = \frac{b}{2} + \frac{b+c}{2} \times \frac{r}{d}.$$

De là cette règle : Pour déterminer le point S de l'extrémité de l'ordonnée transformée, on divise l'ordonnée à transformer en deux parties égales ; on ajoute à cette moitié LK la moitié de la demi-épaisseur de l'étrave ; on obtient ainsi un point I que l'on joint par une droite au point O où la perpendiculaire rencontre l'axe ; puis, par le point E où la ligne d'aboutissement coupe l'axe, on mène une parallèle à cette ligne OI, qui vient rencontrer le trait du couple en un point U dont la distance à l'axe indique ce qu'il faut ajouter à la moitié de l'ordonnée à transformer pour obtenir le point S de l'extrémité de l'ordonnée transformée.

Si l'aboutissement de la ligne d'eau se trouve plus rapproché d'un couple que de la perpendiculaire, il est naturel de faire la transformation de manière à ce que le nouvel aboutissement se trouve sur le couple le plus voisin. Soit proposé, pour exercice, de déterminer la formule relative à ce cas.

De la formule $LS = \dfrac{b}{2} + \dfrac{b+c}{2} \cdot \dfrac{r}{d}$ on déduit facilement celle qui convient au cas où l'aboutissement se trouve sur la perpendiculaire.

Il suffit pour cela de faire $r = d$ et il vient $LS = \dfrac{b}{2} + \dfrac{b+c}{2} \times 1$, d'où l'on déduit facilement $LS = b + \dfrac{c}{2}$. Ce qui veut dire que, dans ce cas, il suffit d'augmenter l'ordonnée à transformer de la moitié de la demi-épaisseur de l'étrave.

Nota. Le plus souvent ces transformations se font à vue d'œil ; et si l'étrave et l'étambot ont peu de quête, on fait les calculs sans aucune transformation.

Surface des couples. — Pour calculer la portion de surface d'un couple comprise entre le trait inférieur de la râblure de quille et la ligne d'eau en charge, on ajoute la demi-ouverture de la ligne d'eau en charge et la moitié de la demi-épaisseur de la quille avec les ouvertures entières des autres lignes d'eau ; on multiplie la somme par la distance commune comprise entre deux lignes d'eau consécutives, et l'on double le produit.

Soit proposé, pour exercice, de déterminer cette formule relative aux surfaces des couples, et celle relative à la transformation du pied du couple lorsque les lignes d'eau sont tracées en différence.

Échelle des surfaces des couples. — On nomme échelle des surfaces des couples une courbe qui indique la loi d'accroissement de ces surfaces en allant de chaque extrémité vers le maître.

Construction de l'échelle. — Pour construire cette échelle, on porte, à partir de la ligne du dessus de quille sur les traces des gabariages des couples, un nombre d'unités linéaires égal au nombre de mètres carrés des surfaces respectives de chaque couple; par tous les points ainsi obtenus on fait passer une courbe qui vient aboutir sur les perpendiculaires avant et arrière, et cette courbe indique la loi d'accroissement des surfaces des couples.

Fig. 3. Supposons, par exemple, qu'après avoir calculé les surfaces de chaque couple, on ait trouvé les résultats suivants :

$$
\begin{array}{lr}
\text{Maître.} & 62,20 \\
1\ \text{AV.} & 56,30 \\
2\ \text{id.} & 47,75 \\
3\ \text{id.} & 30,10 \\
1\ \text{AR.} & 60,30 \\
2\ \text{id.} & 51,85 \\
3\ \text{id.} & 34,75 \\
\end{array}
$$

Supposons, en second lieu, que l'on prenne pour unité de mesure de longueur le décimètre de l'échelle du plan; cela posé, portons sur le trait du maître couple 6^m,22 de l'échelle, c'est-à-dire autant de décimètres qu'il y a de mètres carrés dans la surface du couple; portons de même sur le premier avant 5^m,63, puis sur le deuxième avant 4^m,77....., et la courbe ABC passant par tous ces points est l'échelle dont il s'agit.

Usage de cette échelle. — On peut, au moyen de cette courbe, obtenir la surface d'un couple intermédiaire à ceux qui ont servi à la construire. Pour cela, on mesure la distance de la ligne du dessus de quille au point où la trace de ce couple intermédiaire rencontre la courbe, et le nombre de décimètres de l'échelle contenus dans cette distance est égal au nombre de mètres carrés de la surface du couple.

Échelle des surfaces des lignes d'eau. — On nomme échelle des surfaces des lignes d'eau une courbe qui indique la loi d'accroissement de ces surfaces, à partir du dessous de la rablure de la quille jusqu'à la flottaison en charge.

Construction de l'échelle. — Pour construire cette échelle, on porte sur les traces des plans des lignes d'eau, à partir du gabariage d'un

couple quelconque, ou mieux encore, à partir de la perpendiculaire d'étambot, un nombre d'unités linéaires égal au nombre de
mètres carrés des surfaces respectives de chaque ligne d'eau, et la
courbe passant par tous les points ainsi obtenus indique la loi d'accroissement de ces surfaces.

Supposons, par exemple, qu'après avoir calculé la surface de
chaque ligne d'eau, on ait trouvé les résultats suivants :

Fig. 4.

Surface horizontale de la quille. . . .	4,00
Surface de la 1re ligne d'eau.	12,00
Surface de la 2e *id*.	23,00
Surface de la 3e *id*.	38,00
Surface de la 4e *id*.	64,00

Supposons, en second lieu, que l'on prenne pour unité de mesure
de longueur le décimètre de l'échelle du plan; cela posé, portons
sur le trait inférieur de la râblure de la quille, à partir d'un axe xx',
autant de décimètres de l'échelle qu'il y a de mètres carrés dans la
surface de la quille, c'est-à-dire 0^m,40. Portons de même sur la
première ligne d'eau, à partir du même axe, 1^m,20, puis sur la
deuxième 2^m,30....., et la courbe AB passant par tous ces points
est l'échelle dont il s'agit.

Usage de cette échelle. — On peut, au moyen de cette courbe, obtenir la surface d'une ligne d'eau intermédiaire à celles qui ont servi
à la construire. Pour cela, on mesure la distance de la ligne xx' au
point où la trace du plan de cette ligne d'eau intermédiaire rencontre la courbe, et le nombre de décimètres contenus dans cette
distance est égal au nombre de mètres carrés de la surface de la
ligne d'eau.

Cubature de la carène. — La cubature du volume de la carène
repose sur certains principes de géométrie que nous croyons devoir
rappeler ici.

Le volume d'une pyramide triangulaire est égal au produit de la
base par le tiers de la hauteur. (Cette proposition se trouve dans tous
les traités de géométrie, ainsi que la suivante.)

Tout tronc de prisme triangulaire équivant à trois pyramides qui
ont pour base commune une des bases du tronc et pour sommets les
trois sommets de l'autre base.

Conséquemment, le volume d'un tronc de prisme triangulaire
dont les arêtes sont perpendiculaires au plan de la base, est égal à

la surface de la base multipliée par le tiers de la somme des trois arêtes.

Le volume d'un tronc de parallélipipède rectangle est égal au produit de la base par le quart de la somme des quatre arêtes, ou bien encore à la demi-somme de deux faces parallèles multipliée par la distance comprise entre ces faces.

Fig. 5.

Désignons par B la base HKMN, par a, b, c, d, les arêtes HH', KK', MM', NN', et le volume du tronc de parallélipipède par V.

Si par deux arêtes opposées HH', MM', nous faisons passer un plan, il décomposera le parallélipipède rectangle tronqué en deux prismes triangulaires tronqués droits, dont les bases HKM et HMN sont égales à la moitié de la base B.

En nommant P et P' ces deux prismes tronqués, nous aurons, en vertu de la proposition précédente,

$$P = \frac{B}{2} \times \frac{a + b + c}{3},$$

$$P' = \frac{B}{2} \times \frac{a + c + d}{3}.$$

Si par les deux arêtes opposées KK', NN' on fait passer un plan, on aura de même, en désignant par P″ et P‴ les deux prismes triangulaires tronqués qui en résultent,

$$P'' = \frac{B}{2} \times \frac{a + b + d}{3},$$

$$P''' = \frac{B}{2} \times \frac{b + c + d}{3};$$

ajoutant ces quatre égalités membre à membre, on aura :

$$2V = \frac{B}{2} \times (a + b + c + d),$$

d'où l'on tire

$$V = B \times \frac{(a + b + c + d)}{4},$$

ce qui démontre la première partie de l'énoncé.

Mais $B = HK \times KM$, et la fraction $\frac{a + b + c + d}{4}$ peut être décomposée en deux $\frac{a + b}{4} + \frac{c + d}{4}$; on peut donc écrire

$$V = HK \times KM \times \left(\frac{a+b}{4} + \frac{c+d}{4}\right).$$

Or $\frac{a+b}{4} \times HK = {}^1/_2$ surface $HKK'H'$, et $\frac{c+d}{4} \times HK = {}^1/_2$ surface $MNN'M'$.

Opérant cette substitution, il vient :

$$V = KM \times \left(\frac{HKK'H'}{2} + \frac{MNN'M'}{2}\right),$$

résultat qui démontre que le volume d'un tronc de parallélipipède rectangle est égal à la demi-somme de deux faces parallèles multipliée par la distance comprise entre ces faces.

Cette proposition est encore vraie lorsqu'une ou deux des arêtes d'une même face sont nulles, et se démontre de la même manière.

Volume d'une tranche de la carène comprise entre deux lignes d'eau.
— Le volume d'une tranche de la carène comprise entre deux lignes d'eau consécutives est égal à la demi-somme des surfaces des lignes d'eau multipliée par la distance comprise entre les deux plans.

Soient AG'B et DMC les traits de contour de deux lignes d'eau consécutives, assez rapprochées l'une de l'autre pour que les intersections F'P, G'M des plans des couples avec la surface du bâtiment puissent être considérées comme droites, sans erreur sensible.

Désignons par s, s_1, s_2, s_3, s_4 les surfaces AFF', FGG'F', GHH'G'....., et par z, z_1, z_2, z_3, z_4 les surfaces correspondantes de la ligne d'eau DCM, puis par v, v_1, v_2, v_3, v_4 les volumes des troncs des parallélipipèdes rectangles AP, FM, GQ, HR et KC.

Fig. 6.

Nous aurons :

$$\text{Volume} \begin{cases} AP = \left(\dfrac{s}{2} + \dfrac{z}{2}\right) \times AD \\[2mm] FM = \left(\dfrac{s_1}{2} + \dfrac{z_1}{2}\right) \times AD \\[2mm] GQ = \left(\dfrac{s_2}{2} + \dfrac{z_2}{2}\right) \times AD \\[2mm] HR = \left(\dfrac{s_3}{2} + \dfrac{z_3}{2}\right) \times AD \\[2mm] KC = \left(\dfrac{s_4}{2} + \dfrac{z_4}{2}\right) \times AD \end{cases}$$

Ajoutons ces égalités membre à membre, et observons que $AP + FM + GQ + HR + KC$ forment le volume de la tranche que nous appellerons V. Observons aussi que $\frac{s}{2} + \frac{s_1}{2} + \frac{s_2}{2} + \frac{s_3}{2} + \frac{s_4}{2}$

forme la demi-surface de la ligne d'eau supérieure et $\frac{z}{2} + \frac{z_1}{2} + \frac{z_2}{2}$

$+ \frac{z_3}{2} + \frac{z_4}{2}$ celle de la demi ligne d'eau inférieure. Nous aurons, en

désignant par S et Z ces deux surfaces $V = \left(\frac{S}{2} + \frac{Z}{2} \right) \times AD$.

Ce qui démontre le principe énoncé.

On conçoit que ce résultat doit être doublé, car on opère sur une moitié dont l'autre est parfaitement symétrique.

Volume total de la carène. — Pour déterminer le volume total de la carène, on ajoute la demi-surface de la ligne d'eau en charge et la demi-surface horizontale de la quille avec les surfaces entières des lignes d'eau intermédiaires, puis on multiplie la somme par la distance commune comprise entre deux plans consécutifs de lignes d'eau.

Fig. 7.   Soit s la surface horizontale de la quille, puis s_1, s_2, s_3, s_4 les surfaces des diverses lignes d'eau.

Si nous appelons T le volume de la tranche comprise entre la quille et la première ligne d'eau, et T_1, T_2, T_3 les autres tranches comprises entres deux lignes d'eau consécutives, nous aurons les égalités suivantes :

$$T = \frac{s}{2} + \frac{s_1}{2} \times AD$$

$$T_1 = \frac{s_1}{2} + \frac{s_2}{2} \times AD$$

$$T_2 = \frac{s_2}{2} + \frac{s_3}{2} \times AD$$

$$T_3 = \frac{s_3}{2} + \frac{s_4}{2} \times AD$$

Ajoutons membre à membre, et observons que $T + T_1 + T_2 + T_3$ forme le volume total de la demi-carène, que nous désignons par V.

Observons aussi que $\frac{s_1}{2} + \frac{s_1}{2} = \frac{2s_1}{2} = s_1$, de même que $\frac{s_2}{2} + \frac{s_2}{2} = s_2$, et ainsi de suite.

Or si l'on multiplie la somme des facteurs $\frac{s}{2} + s_1 + s_2 + s_3 + \frac{s_4}{2}$ par le facteur commun AD, on aura

$$\left(\frac{s}{2} + s_1 + s_2 + s_3 + \frac{s_4}{2}\right) \times AD,$$

résultat qui, multiplié par 2, exprime le volume total de la carène; ce qui démontre le principe énoncé.

Volume total de la carène au moyen de la surface des couples. — Le volume total de la carène est égal à la somme des surfaces des couples, multipliée par leur distance commune.

Soient s, s_1, s_2, s_3, s_4 les surfaces des divers couples équidistants. Appelons v, v_1, v_2, v_3, v_4, v_5 les volumes des diverses tranches comprises, soit entre une des perpendiculaires extrêmes et le couple voisin, soit entre deux couples consécutifs.

Fig. 8.

Désignons par d la distance commune comprise entre deux couples consécutifs, et remarquons que les surfaces des couples qui passent par les perpendiculaires d'étambot et d'étrave sont nulles, nous aurons les égalités suivantes :

$$v = \left(o + \frac{s}{2}\right) \cdot d$$

$$v_1 = \left(\frac{s}{2} + \frac{s_1}{2}\right) \cdot d$$

$$v_2 = \left(\frac{s_1}{2} + \frac{s_2}{2}\right) \cdot d$$

$$v_3 = \left(\frac{s_2}{2} + \frac{s_3}{2}\right) \cdot d$$

$$v_4 = \left(\frac{s_3}{2} + \frac{s_4}{2}\right) \cdot d$$

$$v_5 = \left(\frac{s_4}{2} + o\right) \cdot d.$$

Ajoutons membre à membre, et observons que $v + v_1 + v_2 + v_3 + v_4 + v_5$ forment le volume total de la demi-carène; puis, que $\frac{s}{2} + \frac{s}{2} = s$, de même que $\frac{s_1}{2} + \frac{s_1}{2} = s_1$, et ainsi de suite. Or, si l'on multiplie la somme des facteurs s, s_1, s_2, s_3, s_4 par le facteur commun d, nous aurons, en désignant toujours par V le volume de la demi-carène :

$$V = (s + s_1 + s_2 + s_3 + s_4) \cdot d,$$

résultat qui, multiplié par 2, exprime le volume total de la carène; ce qui démontre le principe énoncé.

Échelle des volumes. — On nomme échelle des volumes une courbe qui indique la loi d'accroissement du volume de la partie immergée, à mesure que le bâtiment s'enfonce dans l'eau.

Échelle de solidité ou de déplacement. — On nomme échelle de solidité ou de déplacement une courbe qui indique la loi d'accroissement du poids de l'eau déplacée par la carène, à mesure que le bâtiment s'enfonce dans l'eau.

Pour construire l'échelle des volumes, on porte sur la trace du plan de chaque ligne d'eau, à partir du gabariage d'un couple quelconque, un nombre d'unité linéaires égal au nombre de mètres cubes de la partie de la carène située au-dessous de la ligne d'eau pour laquelle on opère, et la courbe passant par tous les points ainsi obtenus indique la loi d'accroissement du volume de la carène, à mesure que le bâtiment s'immerge.

Pour construire l'échelle de déplacement, on multiplie par 1,026 le nombre de mètres cubes de chaque tranche comprise entre deux lignes d'eau consécutives, puis on porte sur la trace du plan de chaque ligne d'eau un nombre d'unités linéaires égal au nombre de tonneaux du poids de 1,000 kilogrammes déplacé par le volume de la portion de carène située au-dessous du plan de la ligne d'eau pour laquelle on opère, et la courbe, passant par tous les points ainsi obtenus, indique la loi d'accroissement du poids de l'eau déplacée par la carène, à mesure que le bâtiment s'immerge.

Fig. 9. Supposons, par exemple, que l'on ait calculé le volume de la quille et celui de chaque tranche de carène comprise entre deux lignes d'eau consécutives, et qu'après avoir multiplié chacun des nombres de mètres cubes obtenus par la densité de l'eau de mer, qui est 1,026, on obtienne les résultats suivants :

				Totaux.
Déplacement de la quille et fausse quille. .			4^{tx},58	4,58
»	de la tranche 1re.		35 ,28	39,86
»	»	2e.	54 ,20	91,06
»	»	3e.	63 ,46	154,52
»	»	4e.	72 ,58	227,10
Total du déplacement.			227 ,10	

Supposons en second lieu que l'on prenne le millimètre pour unité de longueur, le centimètre représentera 10 tonneaux.

Cela posé, construisons une échelle d'un centimètre pour mètre, et portons sur le trait inférieur de la râblure à partir d'une perpendiculaire AB autant de dixièmes de l'échelle que la quille déplace de tonneaux, c'est-à-dire 0,458; ajoutons ensuite $4^{tx},58$ avec $35^{tx},28$, ce qui donne $39^{tx},86$, et portons sur la première ligne d'eau, à partir du même axe AB, un nombre de dixièmes de l'échelle égal au nombre de tonneaux déplacés par la quille et la première tranche, ce qui donne 3,986 de l'échelle.

Ajoutons encore $51^{tx},20$ avec $39^{tx},86$, ce qui donne $91^{tx},06$, et portons sur la deuxième ligne d'eau, à partir de AB, 9,106 de l'échelle.

Continuant d'ajouter le déplacement de chaque tranche à la somme précédente, on obtient les nombres $154^{tx},52$ et $227^{tx},10$, ce qui donne, pour distance à porter sur la troisième et la quatrième ligne d'eau, 15,452 et 22,710. Par tous les points ainsi obtenus, on fait passer une courbe qui est l'échelle dont il s'agit.

Usage de cette échelle. — On peut, au moyen de cette courbe, obtenir le poids du volume d'eau déplacé pour un tirant d'eau sans différence intermédiaire aux plans des lignes d'eau du tracé. Pour cela, on mesure la distance de la ligne AB au point où la ligne du tirant d'eau dont il s'agit vient rencontrer la courbe C, C_1, C_4, et le nombre de dixièmes de l'échelle contenus dans cette distance est égal au nombre de tonneaux du déplacement correspondant.

On peut aussi, au moyen de cette courbe, obtenir le poids du volume d'eau déplacé par une tranche de la carène parallèle aux plans des lignes d'eau et située à une hauteur quelconque.

Supposons, par exemple, qu'on veuille connaître le poids du volume déplacé par la tranche KHSV. Pour cela, on mesure la distance PQ de la perpendiculaire AB, passant par l'origine de la courbe, au point Q, où la trace du plan supérieur de la tranche rencontre la courbe. On mesure de même la distance MN de la perpendiculaire au point de rencontre de la trace du plan inférieur de la tranche avec la courbe, on prend la différence de ces deux distances, et le nombre de dixièmes de l'échelle contenus dans cette différence indique le nombre de tonneaux du volume d'eau déplacé par la tranche KHSV.

On peut donc, au moyen de l'échelle de déplacement, déterminer l'exposant de charge, c'est-à-dire le poids que le bâtiment peut supporter pour un enfoncement donné, et réciproquement, déterminer l'enfoncement du bâtiment pour un poids donné; c'est le but principal de l'échelle de déplacement.

Nous supposons ici que le bâtiment s'immerge parallèlement à la quille; mais lorsqu'il en est autrement, on mesure l'enfoncement moyen; ce qui se fait en prenant la demi-somme des augmentations de tirant d'eau avant et arrière, puis on mesure, sur l'échelle de déplacement, le nombre de tonneaux correspondant à cette augmentation de tirant d'eau, et l'on considère le poids ainsi trouvé comme étant égal à celui de la tranche immergée, ce qui n'est pas rigoureusement vrai.

Pour calculer le déplacement d'un bâtiment avec différence de tirant d'eau, on peut employer les surfaces des couples au lieu d'employer celles des lignes d'eau.

Composition du tableau I. — Les éléments nécessaires à la composition du tableau des calculs de déplacement sont les ordonnées des lignes d'eau tracées hors bordages, puis la distance entre les couples que nous désignons par d, et la hauteur comprise entre deux plans de ligne d'eau consécutifs, représentée par h.

Pour procéder aux opérations, on commence par faire la somme des ordonnées de chaque ligne d'eau, dont on écrit le résultat au bas de la colonne. On fait de même la somme des ordonnées des couples contenues dans chaque colonne horizontale, dont on écrit les résultats sur la même ligne dans la colonne verticale de droite. Puis, afin de s'assurer de l'exactitude des résultats précédents, on ajoute ensemble les sommes des ordonnées des lignes d'eau, et la somme totale, qui est ici 87,372, doit être la même que celle qui résulte de l'addition des sommes des ordonnées des couples; et ce n'est qu'après cette vérification qu'on doit continuer de faire les autres calculs.

Lorsqu'on est certain que la somme totale des ordonnées est exacte, on multiplie cette somme par le produit des facteurs d et h; ce résultat, multiplié par 2, exprime le volume d'eau déplacé par la carène, auquel on doit ajouter le volume de la quille. Ce dernier résultat, multiplié par 1,026, détermine le poids du volume d'eau déplacé par le bâtiment.

La longueur de la carène du navire dont il s'agit est de 30^m,30, dont le seizième donne la valeur de $d = 1^m,906$.

La profondeur de la carène est 2^m,30, dont le cinquième donne la valeur de $h = 0^m,46$.

En effectuant les opérations indiquées, on obtient les résultats suivants :

Volume d'eau déplacé par la carène exprimée en mètres
cubes . . . . 153^m,208
Quille. . . . . 2 ,384

Total. . . . . . . 155 ,592

Déplacement total exprimé en tonneaux. . . . . 159 ,637

Si l'on multiplie les diverses sommes des ordonnées des lignes d'eau par $d = 1^m,906$, on obtient pour résultat le quart de la surface horizontale de la quille, le quart de la ligne d'eau en charge et les demi-surfaces des lignes d'eau intermédiaires.

Ces résultats sont :

$$\left\{ \begin{array}{cccccc} 5^{me}LD & 4^{me}LD & 3^{me}LD & 2^{me}LD & 1^{re}LD & \text{quille} \\ \overline{} & \overline{} & \overline{} & \overline{} & \overline{} & \overline{} \\ 33,435 & 55,453 & 40,434 & 24,652 & 10,666 & 1,891 \end{array} \right.$$

au moyen desquels on peut construire l'échelle des surfaces des lignes d'eau.

Échelle de solidité. — Pour obtenir les ordonnées relatives à la construction de l'échelle de solidité, il faut calculer séparément le volume de chacune des tranches horizontales; ce qui se fait en multipliant la somme des deux demi-surfaces des lignes d'eau par l'épaisseur de la tranche, et le résultat, multiplié par 1,026, exprime le déplacement en tonneaux,

Tableau des calculs.

DEMI-SURFACE.	SOMMES.	NUMÉRO des tranches.	MÈTRES cubes.	TONNEAUX.	ORDONNÉES de l'échelle.	
Quille 3,782			2,384	2,446	Sur quille	2,446
	14,448	1re tranche.	6,646	6,819		
1re LD 10,666					1re LD	9,265
	35,318	2° —	16,246	16,668		
2e LD 24,652					2e LD	25,933
	65,086	3e —	29,939	30,717		
3e LD 40,434					3e LD	56,650
	95,887	4e —	44,108	45,255		
4e LD 55,453					4e LD	101,905
	122,323	5e —	56,269	57,732		
5e LD 66,870					5e LD	159,637
		Total. . .	155,592	159,637		

Centre de gravité de la surface d'une ligne d'eau. — Proposons-nous maintenant de déterminer le centre de gravité de la surface d'une ligne d'eau.

Fig. 10. Soit AA'B'D'F'F la demi-surface de la ligne d'eau proposée.

Il est évident que l'axe AF divisant la surface en deux parties symétriques, le centre de gravité K de la figure totale doit se trouver sur cet axe à la même distance de la perpendiculaire d'étambot que celui de la moitié.

Cela posé, divisons la surface en trapèzes par des perpendiculaires ou ordonnées BB', CC', DD' équidistantes, et assez rapprochées pour que les arcs A'B', B'C'....., puissent être considérés, sans erreur sensible, comme des lignes droites, puis menons les diagonales A'B, B'C, C'D, D'F, qui divisent les divers trapèzes en triangles.

Si l'on prend la somme des moments de tous les triangles par rapport à la perpendiculaire d'étambot, et qu'on la divise par la somme des surfaces des triangles, le quotient sera la distance AK de la perpendiculaire au centre de la figure. Or, pour avoir les moments de chaque triangle par rapport à cette perpendiculaire AA', il suffit de multiplier leur surface par le tiers de la somme des perpendiculaires menées des sommets sur la droite AA'. En désignant comme précédemment les diverses ordonnées AA', BB', CC' par a_1, a_2, a_3....., et par d la distance commune entre les ordonnées, nous aurons les résultats suivants :

Triangles.	Surfaces.	Multiplicateurs.	Moments.
ABA'	$\dfrac{a_1}{2} \cdot d$	$\dfrac{d}{3}$	$^1/_3 \dfrac{a_1}{2} \cdot d^2$
A'B'B	$\dfrac{a_2}{2} \cdot d$	$\dfrac{2d}{3}$	$\dfrac{2a_2}{6} \cdot d^2$
BCB'	$\dfrac{a_2}{2} \cdot d$	$\dfrac{4d}{3}$	$\dfrac{4a_2}{6} \cdot d^2$
B'CC'	$\dfrac{a_3}{2} \cdot d$	$\dfrac{5d}{3}$	$\dfrac{5a_3}{6} \cdot d^2$
CDC'	$\dfrac{a_3}{2} \cdot d$	$\dfrac{7d}{3}$	$\dfrac{7a_3}{6} \cdot d^2$
C'DD'	$\dfrac{a_4}{2} \cdot d$	$\dfrac{8d}{3}$	$\dfrac{8a_4}{6} \cdot d^2$
DFD'	$\dfrac{a_4}{2} \cdot d$	$\dfrac{10d}{3}$	$\dfrac{10a_4}{6} \cdot d^2$
D'FF'	$\dfrac{a_5}{2} \cdot d$	$\dfrac{11d}{3}$	$3\dfrac{2}{3} \cdot \dfrac{a_5}{2} \cdot d^2.$

Si l'on divise la somme des moments par la somme des surfaces des triangles en supprimant un facteur d commun, on obtient pour résultat :

$$\frac{1/3\,\dfrac{a_1}{2} + a_2 + 2a_3 + 3a_4 + 3\,\dfrac{2}{3}\cdot\dfrac{a_5}{2}}{\dfrac{a_1 + a_5}{2} + a_2 + a_3 + a_4}\cdot d,$$

expression qui, traduite en langage ordinaire, peut s'énoncer comme suit : Pour obtenir la distance de la perpendiculaire d'étambot au centre de figure d'une ligne d'eau dont les extrémités viennent aboutir sur les perpendiculaires, on prend le tiers de la première demi-ordonnée, plus une fois la deuxième, plus deux fois la troisième, plus trois fois la quatrième....., plus la moitié de la dernière, multipliée par le coefficient de celle qui précède, augmenté de deux tiers; puis on divise ce premier résultat par la demi-somme des ordonnées extrêmes, augmentée de la somme des ordonnées intermédiaires, et l'on multiplie le quotient obtenu par la distance commune entre les ordonnées.

Lorsque la ligne d'eau n'aboutit pas sur les perpendiculaires, on peut calculer les moments de la partie comprise entre les deux couples extrêmes, au moyen de la formule précédente, puis calculer à part ceux des trapèzes extrêmes et les ajouter aux premiers.

Mais ordinairement, pour simplifier les opérations, on transforme les extrémités de manière que l'ordonnée extrême soit nulle, ce qui ne change pas sensiblement le centre de figure, et alors la formule générale peut s'énoncer ainsi : Pour obtenir la distance de la perpendiculaire d'étambot au centre de figure d'une ligne d'eau dont les extrémités sont transformées de manière que les ordonnées extrêmes soient nulles, on fait une somme d'une fois la deuxième ordonnée, plus deux fois la troisième, plus trois fois la quatrième, plus quatre fois la cinquième....., puis on divise ce premier résultat par la somme des ordonnées et l'on multiplie le quotient par la distance commune entre les ordonnées.

On conçoit aisément que la formule générale peut être appliquée à la détermination du centre de figure de la partie plongée d'un couple; supposons, par exemple, qu'il s'agisse d'obtenir la distance du centre de gravité de la surface du couple AAFF à la ligne d'eau en charge AA'. Pour cela, on fera une somme composée d'un sixième

Fig. 11.

3

de l'ordonnée supérieure, puis une fois la suivante en descendant, plus deux fois la troisième....., plus la moitié de la demi-épaisseur de la quille multipliée par le coefficient de l'ordonnée placée immédiatement au-dessus, augmenté de deux tiers, puis on divise ce premier résultat par la demi-somme des ordonnées extrêmes augmentée de la somme des ordonnées intermédiaires, et l'on multiplie le quotient obtenu par la distance commune entre les ordonnées.

Centre de gravité de carène. — La position du centre de gravité de carène, par rapport à la perpendiculaire d'étambot, est la même que celle du centre de la figure formée par la courbe qui indique la loi d'accroissement des surfaces des couples et l'axe des ordonnées de cette courbe.

Fig. 12. Concevons la figure ACDBA ainsi formée, divisée en trapèzes par des perpendiculaires à l'axe AB, infiniment rapprochées l'une de l'autre. Chacune de ces perpendiculaires, telles que FC, contient autant d'unités linéaires qu'il y a de mètres carrés dans la surface du couple qui lui correspond.

Appelons s_1, s_2, s_3, s_4..... s_n les longueurs de ces perpendiculaires, et d la distance commune entre deux perpendiculaires consécutives, nous aurons pour expression de la distance de la perpendiculaire AP au centre de gravité de la figure ACDBA :

$$\frac{s_1 + 2s_2 + 3s_3 + 4s_4 \ldots n \cdot s_n}{s_1 + s_2 + s_3 + s_4 \ldots s_n} \times d.$$

Concevons la carène divisée en un même nombre de tranches infiniment minces, et considérons les diverses perpendiculaires s_1, s_2, s_3..... comme les traces de plans de couple passant par le centre de gravité de chaque tranche.

Le volume des diverses tranches sera exprimé par $s_1 d$, $s_2 d$, $s_3 d$..... $s_n \cdot d$, et les moments par $ds_1 d$, $2ds_2 d$, $3ds_3 d$, $4ds_4 d$....., et partant, la somme des moments sera :

$$d \cdot [s_1 \cdot d + 2s_2 \cdot d + 3s_3 \cdot d + 4s_4 \cdot d \ldots + n \cdot s_n \cdot d].$$

Divisant cette somme des moments par celle des volumes, en ayant soin de supprimer le facteur d commun à tous les termes de part et d'autre, on obtient, pour l'expression de la distance du centre de gravité de carène à la perpendiculaire d'étambot :

$$\frac{s_1 + 2s_2 + 3s_3 + 4s_4 \ldots + n \cdot s_n}{s_1 + s_2 + s_3 + s_4 \ldots + s_n} \times d,$$

résultat identique à celui qui donne la distance de la perpendiculaire d'étambot au centre de gravité de la surface ACDBA, ce qui démontre le principe énoncé.

Règle pratique au moyen des surfaces des couples. — De là cette règle : Pour obtenir la distance de la perpendiculaire d'étambot au centre de gravité de carène, on fait une somme d'une fois la surface du premier couple, plus deux fois celle du deuxième, plus trois fois celle du troisième....., plus n fois celle du $n^{ième}$; on divise ce premier résultat par la somme des surfaces des couples, et l'on multiplie le quotient obtenu par la distance commune entre les couples.

Au moyen des sommes des ordonnées des couples. — On peut aussi obtenir la distance de la perpendiculaire d'étambot au centre de gravité de carène au moyen des sommes des ordonnées des couples; il suffit pour cela de supprimer aux deux termes de la fraction le facteur commun h qui exprime la distance entre deux plans de lignes d'eau consécutifs.

On conçoit, en effet, que les diverses surfaces s_1, s_2, s_3..... résultent de la multiplication de la somme des ordonnées du couple multipliée par la distance h comprise entre deux plans de ligne d'eau consécutifs. Conséquemment, si l'on divise chacune de ces surfaces s_1, s_2, s_3..... par le facteur h, on obtient pour quotient la somme des ordonnées des couples. Or, si nous désignons par z_1, z_2, z_3, z_4..... les divers quotients ainsi obtenus, la formule

$$\frac{s_1 + 2s_2 + 3s_3 + 4s_4 ..... + n \cdot s_n}{s_1 + s_2 + s_3 + s_4 ..... + s_n} \times d$$

devient

$$\frac{z_1 + 2z_2 + 3z_3 + 4z_4 ..... + n \cdot z_n}{z_1 + z_2 + z_3 + z_4 ..... + z_n} \times d,$$

expression qui, traduite en langage ordinaire, peut s'énoncer ainsi :

Règle pratique. — Pour obtenir la distance de la perpendiculaire d'étambot au centre de gravité de carène, on ajoute une fois la somme des ordonnées du premier couple de l'arrière, plus deux fois la somme des ordonnées du deuxième, plus trois fois la somme des ordonnées du troisième, plus n fois la somme de celle du $n^{ième}$; puis on divise ce premier résultat par la somme des mêmes ordonnées, et l'on multiplie le quotient obtenu par la distance commune entre les couples.

Nous ferons remarquer que cette formule s'applique spécialement au cas où les ordonnées des lignes d'eau sont transformées, ce qui se fait souvent, afin de simplifier les calculs. Mais si l'on voulait l'appliquer à la recherche de la position du centre de gravité d'une portion de la carène comprise entre deux couples quelconques, ou bien encore entre l'une des extrémités et le couple placé au milieu de la longueur, il faudrait ajouter à la somme des moments un sixième de la première surface, par rapport à laquelle on prendrait les moments, puis la dernière surface multipliée par le coefficient de la précédente augmenté de deux tiers, et augmenter le dénominateur de la demi-somme des surfaces extrêmes, ainsi que cela s'est fait sur le tableau 1 des calculs de déplacement et de stabilité.

Nous avons obtenu 672,193 pour la somme des moments pris par rapport à la perpendiculaire arrière. Or, si l'on multiplie cette somme par la distance comprise entre les couples qui est 1,906, et que l'on divise le produit par la somme des ordonnées, 87,372, on obtient pour résultat 14,663, qui exprime la distance de la perpendiculaire d'étambot au centre de gravité de la carène.

Position du centre de gravité de carène par rapport au plan de flottaison. — La position du centre de gravité de carène, par rapport au plan de la ligne d'eau supérieure, est la même que celle de la figure ABCD, limitée à droite par la courbe BFGKC, qui indique la loi d'accroissement des surfaces des lignes d'eau, puis à gauche par l'axe AD de cette courbe, et dont les autres limites sont la ligne d'eau supérieure DC et le trait inférieur AB de la râblure de la quille.

Concevons la figure ABCD divisée en trapèzes par des horizontales infiniment rapprochées l'une de l'autre; chacune de ces horizontales, telle que OI, contient autant d'unités linéaires qu'il y a de mètres carrés dans la surface de la ligne d'eau qui lui correspond.

Appelons s, s_1, s_2, s_3, s_4..... s_n les longueurs de ces horizontales, h la distance commune entre deux horizontales consécutives.

Nous aurons pour expression de la distance de la ligne d'eau supérieure DC au centre de gravité de la figure ABCD :

$$\frac{\dfrac{s}{6} + s_1 + 2s_2 + 3s_3 + 4s_4 + \ldots \left(n - 1 + \dfrac{2}{3}\right)\dfrac{s_n}{2}}{\dfrac{s}{2} + s_1 + s_2 + s_3 + \ldots \dfrac{s_n}{2}} \times h.$$

Concevons la carène divisée en un même nombre de tranches infiniment minces, et considérons les diverses horizontales s, s_1, s_2, s_3, s_4....., s_n comme les traces des plans des lignes d'eau passant par le centre de gravité de chaque tranche (*).

Le volume des diverses tranches sera exprimé par

$$\frac{sh}{2},\ s_1 h,\ s_2 h,\ s_3 h,\ s_4 h.....,\ \frac{s_n h}{2},$$

et partant la somme des moments, par rapport au plan de flottaison DC, sera :

$$\left(\frac{s}{8}h + s_1 h + 2s_2 h + 3s_3 h + 4s_4 h..... + \left(n - \frac{1}{4}\right) \times \frac{s_n h}{2}\right) \times h.$$

Divisant cette somme des moments par celle des volumes, en ayant soin de supprimer le facteur h commun à tous les termes de part et d'autre, on obtient pour l'expression de la distance du centre de gravité de carène au plan de flottaison :

$$\frac{\dfrac{s}{8} + s_1 + 2s_2 + 3s_3 + 4s_4..... + \left(n - \dfrac{1}{4}\right) \times \dfrac{s_n}{2}}{\dfrac{s}{2} + s_1 + s_2 + s_3 + s_4..... + \dfrac{s_n}{2}} \times h.$$

Ce résultat et celui qui exprime la distance de la ligne DC au centre de la figure ABCD différent seulement par les termes extrêmes des numérateurs.

La somme des deux termes de la première formule est égale à

$$\frac{s}{6} + \left(n - \frac{1}{3}\right)\frac{s_n}{2}.$$

Réduisant l'entier en fraction et développant, on obtient :

$$\frac{s + 3ns_n - s_n}{6}.$$

(*) La face supérieure de la tranche dont le centre de gravité se trouve sur la ligne s, est située à mi-distance entre les deux premières lignes, d'où il résulte que la première tranche a pour hauteur $\frac{h}{2}$ et que son centre de gravité se trouve en contre-bas de la ligne supérieure de $\frac{h}{4}$. (Observation analogue relativement à la tranche inférieure.)

La somme des termes correspondants de la seconde formule est égale à

$$\frac{s}{8} + \left(n - \frac{1}{4}\right)\frac{s_n}{2}.$$

Réduisant l'entier en fraction et développant, on obtient :

$$\frac{s + 4ns_n - s_n}{8}.$$

On aura donc, pour la différence des numérateurs :

$$\frac{s + 3ns_n - s_n}{6} - \frac{s + 4ns_n - s_n}{8}.$$

Réduisant au même dénominateur et effectuant la soustraction, on obtiendra pour résultat :

$$\frac{s - s_n}{24}.$$

Cette quantité devant être multipliée par h donnera un produit d'autant plus petit qu'il y aura un plus grand nombre de tranches, et si l'on fait h plus petit que toute grandeur donnée, la différence des formules dont il s'agit devient elle-même plus petite que toute grandeur donnée ; ce qui démontre le principe énoncé.

Règle pratique au moyen des surfaces des lignes d'eau. — De là cette règle : Pour obtenir la distance de la ligne d'eau supérieure au centre de gravité de carène, on fait une somme d'un tiers de la demi-surface de la ligne d'eau supérieure, plus une fois la surface de la deuxième ligne d'eau en descendant, plus deux fois la troisième, plus trois fois la quatrième....., plus la moitié de la surface horizontale de la quille, multipliée par le coefficient de la ligne d'eau placée immédiatement au-dessus, augmenté de $\frac{2}{3}$; puis on divise ce premier résultat par la demi-somme des surfaces de la ligne d'eau supérieure et de la quille, augmentée de la somme des surfaces entières des lignes d'eau intermédiaires, et l'on multiplie le quotient obtenu par la distance commune entre les plans des lignes d'eau.

Si l'on désigne par s, s_1, s_2, s_3..... s_n les surfaces respectives de chaque ligne d'eau, à partir de celle en charge, on obtient pour l'expression algébrique de la distance de la ligne d'eau supérieure au centre de gravité de carène, la formule suivante :

$$\frac{1/3 \, \dfrac{s}{2} + s_1 + 2s_2 + 3s_3 \ldots + \left(n - 1 + \dfrac{2}{3}\right) \dfrac{s_n}{2}}{\dfrac{s}{2} + s_1 + s_2 + s_3 \ldots \dfrac{s_n}{2}} \times h.$$

Au moyen des sommes des ordonnées des lignes d'eau. — On peut aussi obtenir la distance de la ligne d'eau supérieure au centre de gravité de carène au moyen des sommes des ordonnées des lignes d'eau; il suffit pour cela de supprimer aux deux termes de la fraction le facteur commun d, qui exprime la distance entre deux lignes d'eau consécutives.

On conçoit, en effet, que les diverses surfaces s, s_1, s_2, $s_3 \ldots$, résultent de la multiplication de la somme des ordonnées des lignes d'eau, multipliée par la distance d comprise entre deux couples consécutifs. Conséquemment, si l'on divise chacune de ces surfaces s, s_1, s_2, s_3, $s_4 \ldots$ par le facteur d, on obtient pour quotient la somme des ordonnées des lignes d'eau; or, si nous désignons par z, z_1, z_2, z_3, $z_4 \ldots$ les divers quotients ainsi obtenus, la formule

$$\frac{1/_3 \, \dfrac{s}{2} + s_1 + 2s_2 + 3s_3 + \ldots \left(n - 1 + \dfrac{2}{3}\right) \dfrac{s_n}{2}}{\dfrac{s}{2} + s_1 + s_2 + s_3 + \ldots \dfrac{s_n}{2}} \times h$$

devient

$$\frac{1/_3 \, \dfrac{z}{2} + z_1 + 2z_2 + 3z_3 + \ldots \left(n - 1 + \dfrac{2}{3}\right) \dfrac{z_n}{2}}{\dfrac{z}{2} + z_1 + z_2 + z_3 + \ldots \dfrac{z_n}{2}} \times h,$$

expression qui, traduite en langage ordinaire, peut s'énoncer comme suit : Pour obtenir la distance de la ligne d'eau supérieure au centre de gravité de carène, on ajoute un tiers de la demi-somme des ordonnées de la ligne supérieure, plus une fois la somme entière des ordonnées de la deuxième ligne d'eau en descendant, plus deux fois la somme des ordonnées de la troisième, plus trois fois la somme des ordonnées de la quatrième..., plus la demi-somme des ordonnées de la quille multipliée par le coefficient de la ligne d'eau placée immédiatement au-dessus augmenté de deux tiers; puis on divise ce premier résultat par la demi-somme des ordonnées de la ligne d'eau supérieure et de la quille, augmentée de la somme des ordonnées des lignes d'eau intermédiaires, et l'on multiplie le quotient obtenu par la distance commune entre les plans des lignes d'eau.

Appliquons cette formule aux données de notre tableau I.

La somme des moments pris par rapport à la ligne d'eau supérieure est égale à 141,184. En multipliant cette somme par $h = 0,46$, et divisant le produit par la somme des ordonnées 87,372, on obtient pour résultat 0,743, qui exprime la distance du centre de gravité de carène à la ligne d'eau supérieure.

Recherche du métacentre latitudinal. — Considérons un navire à flot sur une eau tranquille, et soit FL sa ligne de flottaison. Soit P le poids de tout le système dont nous supposons le centre de gravité en G. Le centre de gravité C du volume d'eau déplacé par la carène doit se trouver sur la verticale passant par le point G, et le poids de ce volume que nous désignerons par D est égal à P.

Les deux forces P et D étant égales et directement opposées se font équilibre. Supposons qu'une force f, appliquée en un point de la verticale GC perpendiculairement au plan diamétral, imprime au navire un mouvement de rotation transversale, et que la flottaison devienne F'L' faisant avec FL un angle que nous désignerons par i. Le centre de gravité G ne change pas par rapport au navire, mais le centre de carène se trouve transposé en C'. Si, dans cette position, on supprime la force f, la poussée de l'eau tend à ramener le navire dans sa position primitive. Le point m, où la verticale passant par le point C' rencontre la ligne mC, est nommé *métacentre ;* c'est la limite de la hauteur à laquelle peut se trouver le centre de gravité G, pour que le navire soit stable, et il l'est d'autant plus que le point G se trouve plus en contre-bas du point m.

Le moment de la force D' qui tend à remettre le navire dans sa position naturelle est égal à $D' \times Go$, c'est-à-dire au poids du volume d'eau déplacé multiplié par la perpendiculaire menée par le centre de gravité du système, sur la verticale passant par le nouveau centre de gravité C'.

Il est fort rare que l'on calcule la position du point G, d'où résulte l'impossibilité d'obtenir exactement le degré de stabilité. On est naturellement conduit à comparer la position du point m à celle du centre de gravité de carène ; mais ce point C dépend uniquement des formes de la carène, et la distance mC est la même, quelles que soient les positions des poids qui constituent les œuvres mortes, l'armement et le chargement. On obtient alors un résultat qui donne une idée un peu vague du degré de stabilité.

La position du point C', qui détermine le point m, dépend de l'importance des onglets FKF', LKL' dont nous allons évaluer le volume et déterminer la position du centre de gravité.

Dans la recherche du métacentre latitudinal, on admet que, pour une petite inclinaison, ces deux onglets sont égaux par symétrie. Il suffit donc d'opérer pour un seul.

Soit KK'LL' (*fig.* 16) un de ces onglets. Concevons des sections Fig. 16. faites dans la carène par une série de couples assez rapprochés les uns des autres pour que la différence de largeur de deux couples consécutifs, à la flottaison, puisse être considérée comme nulle. L'onglet se trouve ainsi décomposé en une série de prismes triangulaires, tels que RJLT'. On peut admettre, sans erreur sensible, que cet onglet soit un volume de révolution engendré par la surface de la ligne d'eau tournant autour de son axe KK'; d'où résulte que les parties LL' sont des arcs de cercle qui, à cause de leur petitesse, peuvent être considérés comme des droites perpendiculaires à la ligne de flottaison. Cela posé, appelons a_1, a_2, a_3... les demi-ouvertures des couples, d leur distance commune, et v_1, v_2, v_3..., les volumes des divers prismes. Nous aurons :

$$v_1 = \frac{a_1}{2} \times a_1 \times \sin i \times d,$$

ou en effectuant

$$v_1 = \frac{a^2_1}{2} \times \sin i \times d.$$

On aurait de même :

$$v_2 = \frac{a^2_2}{2} \times \sin i \times d,$$

$$v_3 = \frac{a^2_3}{2} \times \sin i \times d,$$

et ainsi de suite (*).

Le centre de gravité de chaque prisme se trouve aux deux tiers de la longueur de chaque ordonnée a_1, a_2, a_3..., à partir de l'axe KK'; on aura donc :

$$\text{moment } v_1 = \frac{a^2_1}{2} \times \sin i \times d \times \frac{2}{3} a_1,$$

______

(*) Il serait plus exact de prendre pour base de chacun des prismes le triangle résultant de la section faite à mi-distance des bases; mais la différence qui résulte de cette manière d'opérer est peu sensible, puisque la distance d est infiniment petite.

ou, en effectuant,

$$\text{moment } v_1 = {}^{1}/_{3}\, a^{3}_{1} \times \sin i \times d;$$

on aurait de même :

$$\text{moment } v_2 = {}^{1}/_{3}\, a^{3}_{2} \times \sin i \times d,$$
$$v_3 = {}^{1}/_{3}\, a^{3}_{3} \times \sin i \times d,$$

et ainsi de suite.

Si l'on multiplie chacun de ces moments par 1,026, et que l'on en fasse la somme, on aura le moment du déplacement de l'onglet

$$= {}^{1}/_{3}\, (a^{3}_{1} + a^{3}_{2} + a^{3}_{3} + \ldots) \times \sin i \times d \times 1,026.$$

Fig. 17. Si l'on suppose deux forces Q et Q', égales au poids du volume d'eau déplacé par l'onglet LKL', appliquées aux centres de gravité A et A' des onglets, puis une force D égale au poids du volume d'eau déplacé par la carène, appliquée au point C, les deux premières tendent à ramener le navire dans sa position primitive avec une force dont le moment est égal à $2Q \times KA$; mais la force D, dont le moment est $D \times Gn = D \times CG \times \sin i$, tend à augmenter l'inclinaison; donc le moment de la résultante de ces trois forces réunies doit être égal à $D' \times Go = D' \times Gm \times \sin i$; d'où l'on déduit :

$$D' \times Gm \times \sin i = {}^{2}/_{3}\, (a^{3}_{1} + a^{3}_{2} + a^{3}_{3} + a^{3}_{4} \ldots) \times \sin i \times d \times 1,026$$
$$- D \times CG \times \sin i.$$

Mais à la place de Gm, on peut mettre $Cm - CG$, et il vient :

$$D' \times Cm \times \sin i - D' \times CG \times \sin i = {}^{2}/_{3}\, (a^{3}_{1} + a^{3}_{2} + a^{3}_{3} + a^{3}_{4} \ldots)$$
$$\times \sin i \times d \times 1,026 - D' \times CG \times \sin i.$$

Supprimant le facteur $\sin i$ et le terme $D' \times CG \times \sin i$ aux deux membres, et divisant par D, il vient :

$$Cm = \frac{{}^{2}/_{3}\, (a^{3}_{1} + a^{3}_{2} + a^{3}_{3} + a^{3}_{4} \ldots) \times 1,026 \times d}{D}.$$

Si l'on désigne par V le volume de la carène, on aura :

$$D = V \times 1,026.$$

Substituant cette valeur à la place de D, et supprimant le facteur commun 1,026, on aura :

$$Cm = \frac{{}^{2}/_{3}\, (a^{3}_{1} + a^{3}_{2} + a^{3}_{3} + \ldots) \times d}{V},$$

résultat qui démontre que la distance du métacentre au centre de gravité du déplacement est égale aux deux tiers d'une surface dont les ordonnées, pour les mêmes abscisses que le plan de flottaison, seraient celles de ce plan élevées au cube: cette surface divisée par le volume déplacé par la carène.

Métacentre longitudinal. — En faisant un raisonnement analogue, relativement au métacentre longitudinal, on parvient à cette règle :

Pour obtenir le métacentre longitudinal, on divise la largeur de la flottaison en un certain nombre de parties égales, et par chaque point de division on mène des parallèles à l'axe; on prend la longueur de chacune de ces parallèles que l'on élève au cube, on multiplie la somme de tous ces cubes par la distance comprise entre deux parallèles consécutives, puis on divise le produit par le déplacement, et les deux tiers du résultat expriment la hauteur du métacentre au-dessus du centre de gravité de carène.

La recherche du métacentre longitudinal consiste à déterminer le centre de gravité du volume d'eau déplacé par la carène, lorsque le navire a pris une certaine inclinaison dans le sens longitudinal. Il est très-important de connaître la position de ce point si l'on veut déterminer la ligne de flottaison du navire tout armé, et c'est à ce point de vue que nous envisagerons la question.

D'après nos calculs (tableau I), la distance du centre de gravité de carène à la perpendiculaire arrière est de $14^m,26$, et il s'agit de déterminer la position que prendrait ce point si, pour le même tirant d'eau moyen la différence de tirant d'eau, augmentait de $0^m,32$ par exemple. Pour cet effet, nous calculerons d'abord la surface de chaque couple d'après les données du tableau I; ce qui se fait en multipliant les diverses sommes contenues dans la huitième colonne par le facteur omis $h = 0,46$; et pour déterminer les diverses surfaces des couples dans la nouvelle position (tableau II), il suffit d'ajouter ou retrancher, à chacun d'eux, les trapèzes respectifs qui résultent de la différence de tirant d'eau acquise.

Pour simplifier les calculs, nous considérons chacun de ces trapèzes comme un rectangle ayant pour base la demi-ouverture du couple à la flottaison.

La somme des moments par rapport à la perpendiculaire arrière est 303,6425, et si l'on divise cette somme par celle des surfaces des couples, on trouve pour distance du centre de gravité de carène à la perpendiculaire arrière $14^m,26$, c'est-à-dire $0^m,40$ plus en arrière que le premier. Or s'il est admis que le bâtiment doit naviguer avec 0ᵐ,32 de différence de tirant d'eau, on devra faire en sorte que le centre de gravité du système se trouve sur la même verticale que celui de la carène. Si, au contraire, on a déterminé préalablement la position du centre de gravité du système, la question revient à obtenir une ligne de flottaison d'où résulte un centre de gravité de carène correspondant à celui de tout le système ; ce à quoi l'on parvient en faisant plusieurs calculs succesifs semblables au précédent.

Il doit suffire généralement de faire ce calcul deux fois seulement. On a alors trois distances différentes au moyen desquelles on peut construire une courbe, ayant pour coordonnées le changement de différence de tirant d'eau et la distance de chaque nouveau centre de gravité au premier, au moyen de laquelle on trouvera facilement la différence de tirant d'eau convenable pour que le centre de gravité se trouve à la position voulue.

1351 — Paris. — Imprimerie Cusset et Cⁱᵉ, rue Racine, 26.

Tableau **I**. Calculs de Déplacement et de Stabilité.

Numéros des Couples	½ Ordonnées de la Flottaison	Ordonnées de la — 4e LD	3e LD	2e LD	1ère LD	½ Ordonnée de la Quille	Surface des Couples (un facteur omis)	Facteurs	Moments par rapport à la PP.re AR	Ordonnée de la Flottaison	Cu[bes] de[s] Ordon[nées]
PP.re AR	0,031	0,062	0,062	0,062	0,062	0,031	0,310	⅓	0,103	0,124	0,0_
1er	0,350	0,370	0,230	0,160	0,120	0,062	1,292	1	1,292	0,700	0,34
2e	0,870	0,950	0,500	0,300	0,160	0,062	2,842	2	5,684	1,740	5,26
3e	1,250	1,720	0,960	0,520	0,230	0,062	4,742	3	14,226	2,500	15,62
4e	1,480	2,400	1,500	0,820	0,340	0,062	6,602	4	26,408	2,960	25,93
5e	1,680	2,850	2,020	1,140	0,460	0,062	8,162	5	40,810	3,260	34,64
6e	1,710	3,100	2,420	1,410	0,560	0,062	9,262	6	55,572	3,420	40,0_
7e	1,725	3,160	2,560	1,560	0,600	0,062	9,667	7	67,669	3,450	41,06
8e	1,700	3,100	2,460	1,560	0,600	0,062	9,482	8	75,856	3,400	39,3_
9e	1,600	2,850	2,230	1,440	0,580	0,062	8,762	9	78,858	3,200	32,70
10e	1,445	2,520	1,920	1,230	0,520	0,062	7,697	10	76,970	2,890	24,13
11e	1,240	2,090	1,550	0,980	0,440	0,062	6,362	11	69,982	2,480	15,2_
12e	1,000	1,620	1,180	0,730	0,360	0,062	4,952	12	59,424	2,000	8,0_
13e	0,740	1,160	0,820	0,520	0,260	0,062	3,562	13	46,306	1,480	3,21
14e	0,490	0,740	0,520	0,320	0,180	0,062	2,312	14	32,368	0,980	0,9_
15e	0,250	0,340	0,220	0,120	0,062	0,062	1,054	15	15,810	0,500	0,1_
PP.re AV	0,031	0,062	0,062	0,062	0,062	0,031	0,310	15⅓	4,855	0,124	0,0_
Sommes	17,542	29,094	21,214	12,934	5,596	3,992	87,372	"	672,193	.	286,6_
Facteurs	⅓	1	2	3	4	4⅔					
Moments par rapport à la flottaison	5,847	29,094	42,428	38,802	22,384	4,629	141,184				

Résultats des Calculs

Déplacement de la Carène en tonneaux métriques .... 153t,208 ⎫ 155t,592
$\dfrac{\text{...}}{\text{Quille ....}}$ 2,384 ⎭

Distance du centre de gravité de Carène ⎰ à la flottaison 0m,740
⎱ à la perpendiculaire AR 14,660

Tableau II.   Calcul du Centre de gravité de Carène avec différence de tirant d'eau.

Numéros des Couples.	Surfaces un facteur omise.	Surfaces réelles	Ordonnées de la Flottaison	Hauteurs des Rectangles.	Surfaces des Rectangles.	Surfaces des Couples.	Facteurs.	Momens par rapport à la Perpendiculaire AR
PP^{re} AR	0,310	0,1426	0,062	0,16	0,0099	0,1525	⅓	0,0508
1er	1,292	0,5943	0,700	0,14	0,0980	0,6923	1	0,6923
2e	2,842	1,3073	1,740	0,12	0,2088	1,5161	2	3,0322
3e	4,742	2,1813	2,500	0,10	0,2500	2,4313	3	7,2939
4e	6,602	3,0369	2,960	0,08	0,2368	3,2737	4	13,0948
5e	8,162	3,7545	3,260	0,06	0,1956	3,9501	5	19,7505
6e	9,262	4,2605	3,420	0,04	0,1368	4,3973	6	26,3838
7e	9,667	4,4468	3,450	0,02	0,0690	4,5158	7	31,6106
8e	9,482	4,3617	3,400	0,00	0,0000	4,3617	8	34,8936
9e	8,762	4,0305	3,200	0,02	0,0640	3,9665	9	35,7005
10e	7,697	3,5406	2,890	0,04	0,1156	3,4250	10	34,2500
11e	6,362	2,9265	2,480	0,06	0,1488	2,7777	11	30,5547
12e	4,962	2,2779	2,000	0,08	0,1600	2,1179	12	25,4148
13e	3,562	1,6385	1,480	0,10	0,1480	1,4905	13	19,3765
14e	2,312	1,0635	0,980	0,12	0,1176	0,9459	14	13,2426
15e	1,054	0,4848	0,500	0,14	0,0700	0,4148	15	6,2220
PP N	0,310	0,1426	0,062	0,16	0,0099	0,1327	15⅓	2,0789
Totaux	87,372	40,1908	35,084	" "	2,0388	40,5618	"	303,6425

Distance du centre de gravité de carène à la perpendiculaire arrière .... 14^m,26

Déplacement de la carène dans la nouvelle position .... 154^{tx},216

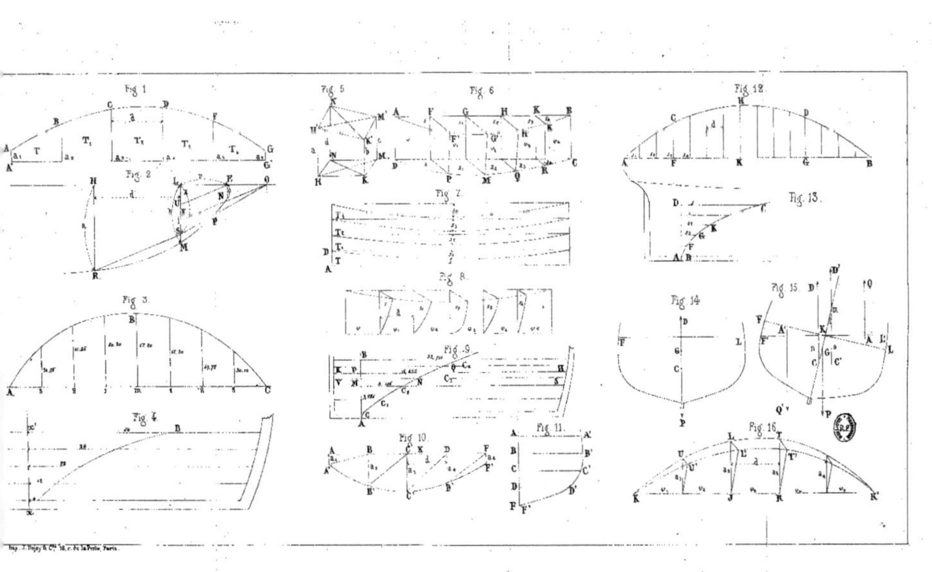

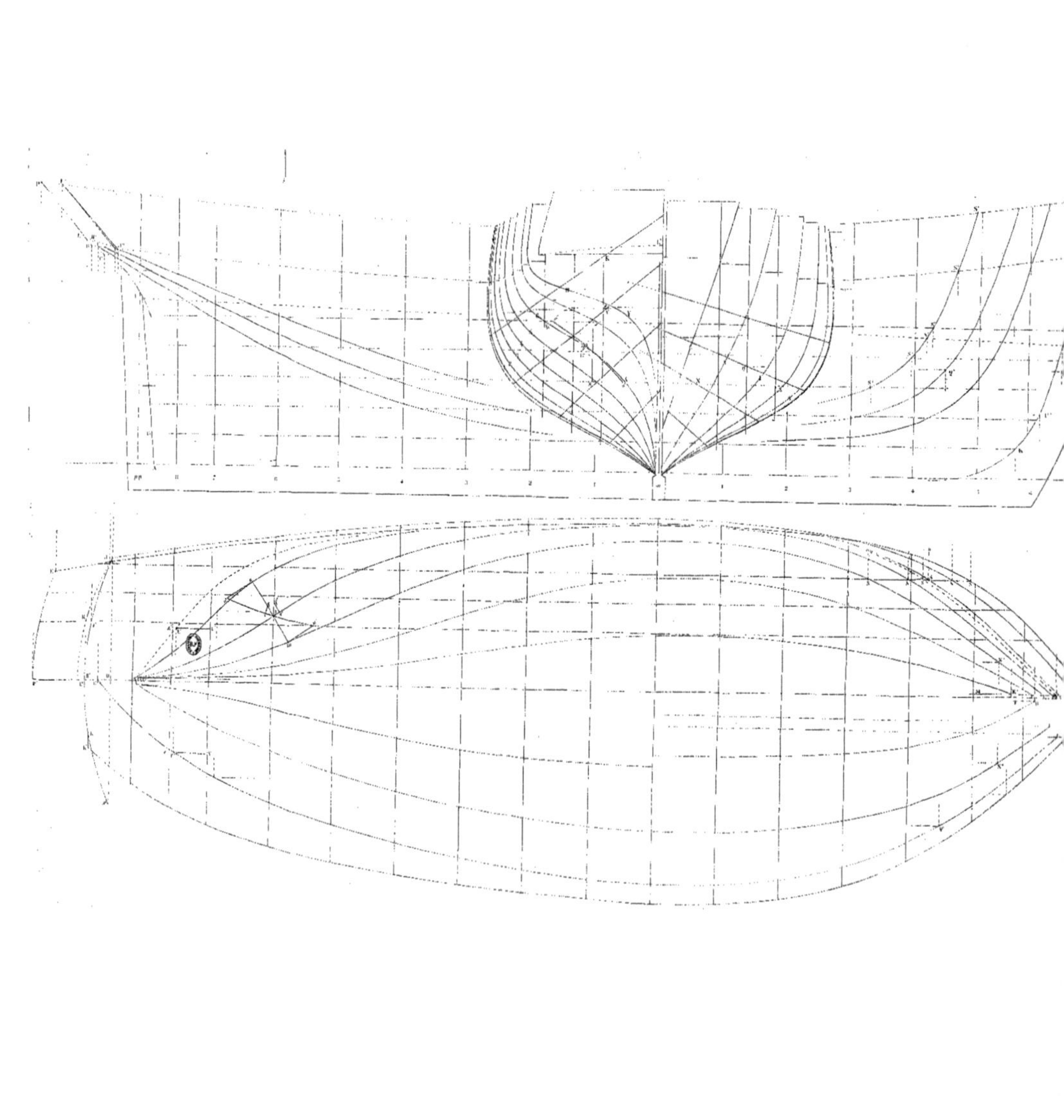